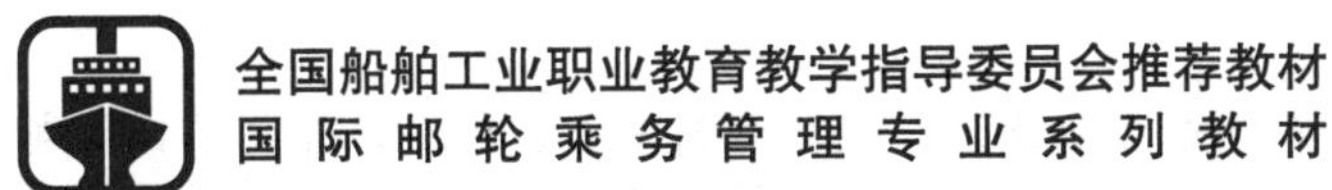

全国船舶工业职业教育教学指导委员会推荐教材
国际邮轮乘务管理专业系列教材

国际邮轮服务礼仪

主　编　梁　娟　唐　锋

副主编　杨　慧　谭婧昀　何珊玲　高　萌

参　编　陆　原　杨秋宁　农　超　石　冰　岑人宁

哈尔滨工程大学出版社
Harbin Engineering University Press

内容简介

本书是高等职业院校邮轮服务与管理专业系列规划教材之一，系统地介绍了国际邮轮服务人员的基本礼仪规范，将服务礼仪项目与实际操作任务相结合，让学生掌握服务礼仪基础知识的同时，培养其较强的实践能力。本书以学生为中心的教学模式加强了教师、教材和学生之间的互动。全书列举了大量典型案例，配合课后的思考与练习，让学生在及时消化所学知识的同时，主动巩固并将知识进行有效拓展。

本书适用于高等职业院校邮轮服务与管理、国际邮轮乘务及海上酒店等专业的学生使用，同时还可以作为各类邮轮乘务培训机构的教材。

图书在版编目（CIP）数据

国际邮轮服务礼仪 / 梁娟，唐锋主编． — 哈尔滨：哈尔滨工程大学出版社，2022.5

ISBN 978-7-5661-3482-0

Ⅰ．①国… Ⅱ．①梁… ②唐… Ⅲ．①旅游船－旅游服务－礼仪－高等职业教育－教材 Ⅳ．①F590.7

中国版本图书馆 CIP 数据核字（2022）第 060891 号

国际邮轮服务礼仪
GUOJI YOULUN FUWU LIYI

选题策划 史大伟　薛　力
责任编辑 张　曦
封面设计 李海波

出版发行 哈尔滨工程大学出版社
社　　址 哈尔滨市南岗区南通大街 145 号
邮政编码 150001
发行电话 0451-82519328
传　　真 0451-82519699
经　　销 新华书店
印　　刷 哈尔滨市石桥印务有限公司
开　　本 787 mm×1 092 mm　1/16
印　　张 18.5
字　　数 366 千字
版　　次 2022 年 5 月第 1 版
印　　次 2022 年 5 月第 1 次印刷
定　　价 57.00 元
http://www.hrbeupress.com
E-mail:heupress@hrbeu.edu.cn

前　言

近年来，邮轮产业呈现强劲的发展势头。亚洲人口约占世界总人口的60%，以中国为代表的邮轮旅游市场需求快速增长，市场规模不断扩大。在中国居民收入不断增加以及消费模式升级的助推下，邮轮旅游人数呈现爆发式增长。在过去的十年里（2020年以前），中国邮轮旅游客流量增速大多保持在40%~50%，甚至更高。邮轮旅游作为中国的一个新兴产业，正不断受到出境游旅客的追捧，发展前景广阔。

邮轮作为游客休闲娱乐与度假的海上移动酒店，迎接来自世界各地不同国家、地区，不同民族的游客。这些游客在文化、宗教、礼仪习俗等方面存在着巨大差异，邮轮服务人员需要为他们提供优质、有针对性、个性化的服务。为此，我们编写了《国际邮轮服务礼仪》一书。本书共6个项目，包括邮轮服务礼仪概述、国际邮轮服务人员形象礼仪、国际邮轮服务人员交往礼仪、国际邮轮乘务礼仪、主要客源国礼仪习俗和求职面试礼仪。本书全面系统地介绍了国际邮轮基本礼仪规范和在服务中的实际应用，我们在编写过程中力求做到理论联系实际，侧重对学生实践能力的培养。

本书由广西交通运输学校梁娟、广西交通职业技术学院唐锋主编；山东交通职业学院杨慧，广西交通运输学校谭婧昀、何珊玲，威海海洋职业学院高萌为副主编；广西交通运输学校陆原、杨秋宁、农超，广西南宁技师学院石冰，广西国际商务职业技术学院岑人宁参与编写。梁娟提出总体设想和框架，撰写大纲、统稿、定稿，并编写项目1；唐锋负责全书的修改完善和组织协调工作；谭婧昀、农超编写项目2；何珊玲、陆原编写项目3；杨慧编写项目4；杨秋宁编写项目5；高萌编写项目6；石冰、岑人宁负责对部分书稿进行内容的补充及整理。本书编写团队中的多位教师曾参加过国际邮轮的体验式培训，拥有丰富的理论与实践教学经验。本书在编写过程中参考、借鉴了一些中外学者编著的相关书籍和网络资料，受益匪浅，同时也得到了哈尔滨工程大学出版社的大力支持，谨在此深表谢意。

由于编者水平有限，书中难免存在疏漏之处，敬请专家和读者批评指正。

编　者

2022年2月

目录 CONTENTS

项目 1　邮轮服务礼仪概述

任务 1.1　礼仪的内涵

知识目标

1. 熟悉礼仪的概念。
2. 了解礼仪的表现形式。
3. 掌握礼仪的起源与发展。

技能目标

1. 能够描述礼仪的概念、表现形式、起源与发展。
2. 在邮轮服务中按礼仪规则行事。

素质目标

1. 提高个人综合素质。
2. 提升邮轮服务质量。

案例导入

修养比成绩重要

20世纪80年代，有一批应届毕业生共22人，实习时被导师带到位于北京的国家某部委实验室参观。全体学生坐在会议室里等待部长的到来。这时，一位秘书给大家倒水，同学们木然地看着她忙活，其中一人还问："有绿茶吗？天太热了。"秘书回答："抱歉，刚刚用完了。"同是毕业生的林晖看到这种情况，心里嘀咕："人家给你倒水还挑三拣四。"轮到他时，他轻声说："谢谢，大热天的，辛苦了。"秘书惊讶地看了他一眼，虽然这是句很普通的客气话，却是她今天听到的第一声感谢。

门开了，部长走进来和大家打招呼，不知怎么回事，室内静悄悄的，没有一个人回应。林晖左右看了看，抬手鼓了几下掌，同学们这才稀稀落落地跟着拍手，由于声音不齐，越发显得凌乱。部长挥了挥手说："欢迎同学们到这里来参观。平时这些事都是由办公室负责接待，因为我和你们的导师是老同学，所以这次我亲自来给大家讲一些有关情况。我看同学们好像都没有带笔记本，这样吧，王秘书，请你去拿一些我们部里印的纪念手册，送给同学们作为纪念。"接下来，更尴尬的事情发生了——大家都坐在那里，很随意地接过部长双手递过来的纪念手册。部长的脸色越来越难看，他走到林晖面前时，已经快要没有耐心了。就在这时，林晖礼貌地站起来，身体微倾，双手接过纪念手册，恭敬地说了声："谢谢您！"部长脚步一顿，他伸手拍了拍林晖的肩膀，问："你叫什么名字？"林晖如实回答，部长微笑着点了点头。早已汗颜的导师看到后，松了一口气。

两个月后，在毕业分配表上，林晖的去向栏里赫然写着这个学生们参观过的国家某部委实验室的名字。有几位颇感不满的同学找到导师，问道："林晖的学习成绩最多算是中等，凭什么选他而没选我们？"导师看了看这几张稚嫩的脸，笑道："是人家点名来要的。其实你们的机会是完全一样的，你们的成绩甚至比林晖还要好，但是除了学习之外，你们需要学的东西太多了，而礼仪则是你们的第一课。"

任务清单

认知礼仪的内涵（表 1-1）

表 1-1　礼仪的内涵

项目名称	任务清单内容
任务情景	我国素有“礼仪之邦”的美名，自古就有“有礼走遍天下，无礼寸步难行”的谚语。近年来，随着经济的发展，社会的进步，礼仪的社会功能和作用更加彰显，已成为现代人的处世艺术、成功者的潜在资本，是构建和谐社会的重要基础和有力支撑。和睦家庭、和美生活、和谐社会需要礼仪，呼唤礼仪。
任务目标	1. 熟悉礼仪的概念。 2. 了解礼仪的表现形式。 3. 掌握礼仪的起源与发展。
任务要求	请你根据任务情景，完成以下任务。 1. 礼仪的概念。 2. 礼仪的表现形式。 3. 礼仪的起源。 4. 礼仪的发展。
任务思考	你认为礼仪在生活中能起到什么作用？

表 1-1（续）

项目名称	任务清单内容
任务实施	1. 课前发布任务清单，学生按小组收集资料。 2. 课堂中小组派代表分享。 3. 其他小组点评。 4. 教师总结。
任务总结	通过完成上述任务，你学到了哪些知识？
实施人员	
任务点评	

【点　睛】

礼仪是一个人内在修养和素质的外在表现，也是一个国家、一个民族文明程度的标志。人们可以根据相应的礼仪规范，正确把握人际交往尺度，合理地处理好人与人之间的关系。

【做中学　学中做】

请归纳总结中国礼仪发展的各个时期及特点，填写表 1-2。

表 1-2　总结中国礼仪的发展

时　期	特　点

知识锦囊

任务 1.1

请扫码查看，并完成任务清单。

任务 1.2 东西方礼仪差异

知识目标

1. 了解东方礼仪的特点。
2. 了解西方礼仪的特点。

技能目标

1. 能够描述东西方礼仪的差异。
2. 能将服务礼仪灵活运用于国际交往之中。

素质目标

1. 提高个人综合素质。
2. 提升邮轮服务质量。

案例导入

谦虚也有错的时候

英国客人丽莎乘坐邮轮游览观光。用餐时，丽莎对为她服务的小李评价颇高，她认为小李服务态度好，英语口语水平也很高，便夸奖小李说："你的英语讲得好极了！"

小李马上回应道："我的英语讲得不好。"

丽莎一听就生气了："英语是我的母语，难道我不知道英语该怎么说吗？"

丽莎生气的原因无疑是服务员小李忽视了东西方礼仪的差异。西方人讲究一是一，二是二，而东方人讲究的是谦虚、凡事不张扬。

任务清单

认知东西方礼仪差异（表 1-3 ）

表 1-3 东西方礼仪差异

项目名称	任务清单内容
任务情景	在一个秋高气爽的日子里，小贺穿着一身剪裁得体的新制服，第一次独自进行迎宾工作。一辆白色高级轿车向饭店驶来，司机驾驶姿势标准，将车停靠在饭店豪华大转门的雨棚下。小贺看到后排坐着两位男士，前排副驾驶坐着一位身材较高的外国女宾。小贺快步上前，以优雅的动作先为后排客人打开车门、做好护顶，待客人下车关好车门后，她再迅速走向前门，准备以同样的礼仪迎接那位女宾下车，但女宾却满脸不悦，这让小贺茫然不知所措。
任务目标	掌握东西方礼仪的特点。
任务要求	小组讨论：通常后排座为上座，一般有身份者皆在此就座。优先为重要的客人提供服务是饭店服务礼仪的要求，那么这位女宾为什么不悦？小贺错在哪里？
任务思考	在为东西方游客服务时，应注意哪些问题？

表 1-3（续）

项目名称	任务清单内容
任务实施	1. 小组讨论，进行案例分析。 2. 小组派代表分享。 3. 其他小组点评。 4. 教师总结。
任务总结	通过完成上述任务，你学到了哪些知识？
实施人员	
任务点评	

【点　睛】

在跨文化交流中，东西方礼仪的差异是一个不可忽视的问题。尤其是在东西方文化交流日益深入的当代，交往的顺利与否在很大程度上取决于对对方礼仪常识的了解程度。

【做中学　学中做】

请归纳总结东西方礼仪的特点，填写表 1-4。

表 1-4　总结东西方礼仪的特点

名　称	特　点
东方礼仪	
西方礼仪	

知识锦囊

请扫码查看，并完成任务清单。

任务 1.2

任务 1.3　邮轮服务礼仪的原则与作用

知识目标

1. 了解邮轮服务礼仪的原则。
2. 了解邮轮服务礼仪的作用。

技能目标

1. 能够描述邮轮服务礼仪的原则、作用。
2. 能在对客服务中灵活运用邮轮服务礼仪。

素质目标

1. 理解学习邮轮服务礼仪对提升自身素质和邮轮企业形象的作用。
2. 为今后走上工作岗位打下良好的基础。

案例导入

一次难忘的邮轮旅游

解先生是一位“资深邮轮客”，有过数十次境外邮轮旅游的经历。这次他搭乘“海洋航行者”号在“家门口”——上海起航，希望享受一次自由放松的海洋旅行。

也许是因为之前的期望值太高，解先生上船以后不断地失望：码头排队托运行李和等候上船的时间太长、船上的自助餐厅用餐场面混乱、收费餐厅签单错误、岸上观光领队态度倨傲……乘坐邮轮是为了“享受海上慢生活”，但解先生不但没有“享受”到，反而在下船的时候有种“逃出生天”的感觉。

以上海为母港的“海洋航行者”号，与解先生以往乘的邮轮相比，首先是“分贝”变高了，从码头到船上，从餐厅到剧场，甚至在图书馆里都不得安宁。其次是乘客就餐礼仪的缺失。自助餐厅每天都会上演哄抢的一幕，有些人会胡吃海塞到靠吃药帮助消化，还有位老阿姨从餐柜上拿起一块奶酪咬了一口，发现不合她的口味，竟然又将其放回原位。“海洋航行者”号上的主餐厅相当好，三层楼高的餐厅装潢考究典雅，服务人员的服务水平也很高。登船的第一天晚上，解先生换上深色西装，打上领带，喷上古龙香水，来到餐厅后，却发现用餐的客人差不多有一半是穿着牛仔裤、球鞋甚至是短裤来的。

思考：

解先生在邮轮上遇到了哪些礼仪缺失的乘客？

分析提示：

此案例中造成解先生不愉快的原因，不仅有来自邮轮公司和邮轮母港工作人员的工作质量问题，更多的是来自其他乘客的礼仪缺失。主要体现为下以几点。其一，邮轮是一个相对封闭的公共场所，在公共区域时大家都要保持安静，不可无所顾忌地大声喧哗，这样会影响他人的休息。其二，进餐时要注意吃多少取多少，不能取超出自己食量的食物，以免造成浪费；在不知道该食物是否合乎自己口味的情况下应该先取少量食物品尝，不可把吃过的食物又归还原位，这种做法极不卫生，是对其他乘客的不尊重和不负责任。其三，邮轮上的正餐宴会是船长对所有乘客表示欢迎的宴会，乘客不可穿背心、拖鞋等出入，必须着西装、礼服等庄重大方地出席，以示对船长及他人的尊重；另外，进餐时也不可大声喧哗，骨刺等食品垃圾不可随意丢弃，吃饭时不能发出咀嚼声，更不能有划拳或者赌博的行为。

任务清单

认知邮轮服务礼仪的原则与作用（表 1-5）

表 1-5　邮轮服务礼仪的原则与作用

项目名称	任务清单内容
任务情景	一天中午，餐厅来了一位老先生，他自己找了一个不显眼的角落坐下来，对服务员说："不用点菜了，给我一份面条就行。"
任务目标	能够在对客服务中灵活运用邮轮服务礼仪。
任务要求	小组讨论：你打算如何为老先生提供服务？
任务思考	当你乘坐邮轮时，你希望服务人员提供怎样的礼仪服务？

表 1-5（续）

项目名称	任务清单内容
任务实施	1. 小组讨论，进行案例分析。 2. 小组派代表分享。 3. 其他小组点评。 4. 教师总结。
任务总结	通过完成上述任务，你学到了哪些知识？
实施人员	
任务点评	

【点　睛】

邮轮服务礼仪是邮轮文化最重要的组成部分，是邮轮优质服务的基础，也是邮轮服务人员获得社会认可及个人业务能力成长的标志。

【做中学　学中做】

请谈谈你打算如何在工作中遵循邮轮服务礼仪，填写表 1–6。

表 1–6　遵循邮轮服务礼仪

如何遵循邮轮服务礼仪	

知识锦囊

请扫码查看，并完成任务清单。

任务 1.3

扫码查看答案

思考与练习

一、单项选择题

1. 中国礼仪的形成时期是在（　　）。

A. 尧舜时期　　B. 夏、商、周时期　　C. 春秋战国时期　　D. 秦汉至清末

2. 人类社会中差异最大的两种文化是（　　）。

A. 美洲文化和欧洲文化　　B. 古印度文明和古埃及文明

C. 佛教文化和道教文化　　D. 东方文化和西方文化

3. 对一个国家来说，礼仪是一个国家（　　）的重要标志。

A. 文化与传统　　B. 文明程度　　C. 古老历史　　D. 整体实力

4.（　　）是东方礼仪的特点。

A. 尊重隐私　　B. 简单实用

C. 自由、平等、博爱　　D. 谦逊、含蓄

5. 当受到外宾的赞扬时，最不恰当的回答为（　　）。

A. Thank you.　　B. I am flattered.

C. No, I am far from that.　　C. How very nice of you to say so!

二、多项选择题

1. 礼仪是（　　）的统称。

A. 礼貌　　B. 礼节　　C. 仪表　　D. 仪式　　E. 礼俗

2. 我国被后世称颂的“礼学三著作”指的是（　　）。

A.《周礼》　　B.《仪礼》　　C.《礼经》　　D.《礼记》

3. 以下哪些是东方礼仪的特征？（　　）

A. 重视血缘和人情关系　　B. 谦逊、含蓄

C. 强调共性　　D. 礼尚往来

E. 安于现状

4. 以下哪些是西方礼仪的特征？（　　）

A. 简单实用　　B. 尊重妇女　　C. 尊重隐私　　D. 遵时守信

E. 自由、平等、博爱

5. 以下哪些是邮轮服务礼仪的原则？（　　）

A. 尊重　　B. 真诚　　C. 宽容　　D. 从俗

E. 适度

三、判断题

1. 礼仪是一个人的内在修养和素质的外在表现，是人际交往中的一种行为艺术，也是一种形式美，更是人心灵美的外在体现。（　　）
2. 西方人不论别人的大事小事、公事私事都愿主动关心。（　　）
3. 邮轮服务对象来自不同的国度，文化、宗教习俗差异巨大，尊重他人的礼俗不是特别重要。（　　）
4. 遵守礼仪规范，不仅使人们的社会交往活动变得有序、有章可循，同时也能使人在交往中更具有亲和力。（　　）
5. 东方人比较喜欢直接的表达方式。（　　）

四、简答题

邮轮服务礼仪的基本原则和作用是什么？

项目 2　国际邮轮服务人员形象礼仪

任务 2.1　仪容与化妆礼仪

2.1.1　仪容礼仪

知识目标

熟练掌握仪容礼仪在国际邮轮服务职场活动中的具体规范和要求。

技能目标

1. 掌握国际邮轮服务人员仪容礼仪的原则和仪容卫生的基本要求。
2. 了解国际邮轮服务人员在仪容整理时的注意事项。

素质目标

1. 结合当前专业的学习和日常生活，对个人仪容进行恰当的修饰。
2. 提升国际邮轮服务人员的职业形象，以便更好地适应工作环境，达到岗位要求。

案例导入

都是头发惹的祸

小李是一名新来的邮轮服务人员，高高的个子，长得很清秀。在来邮轮工作之前，她是一家广告公司的业务员。第一天上班，经理就对着她皱起了眉头。原来，小李在广告公司的时候，已经习惯了将头发染成比较艳丽的颜色，并且留的是比较长的卷发。经理告诉她，邮轮服务人员不适合留这样的发型。但马上要上班了，已来不及让她去整理头发，希望她晚上回家之后能够将头发修剪成符合邮轮岗位礼仪标准的发型。经理还发现，小李的右手小手指的指甲留得很长，而这样的指甲会给客人留下不好的印象，影响邮轮服务工作的效果，因此希望她下班以后将指甲尽量剪短。

小李一肚子不痛快，对经理说的话不以为然。谁知，没过多久，她的头发就给她带来了麻烦。

有一天，邮轮上的一位客人点了一份牛肉羹。小李在给这位客人上菜时，发现餐桌上已经摆了很多盘菜，于是她先将牛肉羹放在旁边的桌子上，低头帮客人整理桌上的盘子，好腾出地方来放置新上的菜。桌面整理好之后，小李又很麻利地将牛肉羹摆到了桌面上。谁知，此时她的一绺头发挡住了右眼，小李顺手整理了一下，却只见一根长长的头发丝飘落到了牛肉羹里……

任务清单

认知仪容礼仪（表 2-1）

表 2-1　仪容礼仪

项目名称	任务清单内容
任务情景	仪容多指人的容貌，邮轮服务人员良好的仪容可体现出邮轮整体的档次、规格，国际邮轮服务人员必须掌握仪容礼仪。 客人能够通过视觉、听觉、触觉、嗅觉等各器官在大脑中形成对邮轮服务人员的整体印象。邮轮服务人员在服务过程中，要特别注意给客户留下良好的"第一印象"。
任务目标	邮轮服务人员每天上岗前要做到检查自己的仪容，包括面部、妆容、服饰、发式、佩饰、卫生等。恰当地用化妆遮盖自己外表的瑕疵，这是尊重他人的表现，也是自我美化的需要。 认真检查，及时纠正错误，树立仪容规范意识。
任务要求	掌握国际邮轮服务人员仪容的基本规范，提升服务人员的职业形象。 整理仪容要到指定的工作间，不要在邮轮上有客人的地方照镜子、化妆和梳头。
任务思考	你知道哪些关于邮轮服务人员仪容的注意事项？

表 2-1（续）

项目名称	任务清单内容
任务实施	情景模拟：邮轮公司的前厅接待人员做即将上岗的仪容准备，应该在面部、手部、头发、佩饰等仪容自查方面注意哪些问题？ （教师事先将班级分成七个小组，分组练习，每一组都要模拟前厅接待人员，并由小组推选一位同学模拟前厅主管人员） 任务要求： 1. 事先了解仪容自查的内容和要求。 2. 制定前厅接待人员自查清单。 3. 将自查清单形成文字，为小组的自查、评分做好准备。 4. 各组情景模拟的场合为邮轮服务人员化妆室内的岗前仪容检查。 5. 模拟主管记录下本小组仪容检查的优缺点，完成自查评分。
任务总结	通过完成上述任务，你学到了哪些知识与技能？
实施人员	
任务点评	

【点　睛】

本节课主要学习国际邮轮服务人员仪容的总体要求和仪容卫生的基本要求。同学们需要树立起服务人员仪容的规范意识，并落实到面部、手部、头发等各具体项目，这样才能更好地提升服务人员职业形象。

【做中学　学中做】

请根据教师对仪容规范的讲解与学生分组进行的情景模拟练习，归纳总结仪容自查的主要项目，填写表 2-2。

表 2-2　仪容自查

操作步骤	操作标准

知识锦囊

任务 2.1.1

请扫码查看，并完成任务清单。

2.1.2 化妆礼仪

知识目标

熟练掌握化妆礼仪在国际邮轮服务职场活动中的具体规范和要求。

技能目标

1. 掌握国际邮轮服务人员化妆的基本流程和步骤。
2. 了解国际邮轮服务人员在化妆时的注意事项。

素质目标

1. 恰到好处的化妆能体现对他人的尊重。
2. 国际邮轮服务人员的面容妆饰在服务仪容中起着举足轻重的作用。
3. 个人化妆礼仪小到影响个人形象，大到足以影响邮轮企业的整体形象。

案例导入

一次糟糕的用餐体验

一天，黄先生与两位好友小聚，来到某知名酒店。接待他们的是一位五官清秀的服务员，但她面色苍白，显得无精打采。

黄先生一看到她就觉得心情欠佳，留意看了一下才发现，这位服务员没有化工作淡妆，因此在餐厅昏黄的灯光下便显得病态十足。

上菜时，黄先生又突然看到传菜员手指上的指甲油缺了一块，他的第一反应就是“不知是不是掉进我的菜里了”。但为了不惊扰其他客人用餐，黄先生没有将自己的怀疑说出来。

用餐结束后，黄先生唤柜台内的服务员结账，但服务员却一直面对着反光玻璃墙面修饰自己的妆容，丝毫没有注意到客人的需求。从此以后，黄先生再也没有去过这家酒店。

任务清单

认知化妆礼仪（表 2-3）

表 2-3　化妆礼仪

项目名称	任务清单内容
任务情景	女性服务人员是否化妆及妆容是否合适，直接反映了整体服务人员的精神面貌。如不化妆则让客人产生精神不振作的感觉，但若浓施粉黛，又会给客人留下不庄重、喧宾夺主的印象。总的原则是，女性服务员要化妆，但应化淡妆。
任务目标	掌握职业妆容的要求，了解职业女性淡妆化妆的基本原则、化妆工具的选择、基本化妆步骤，熟悉符合国际邮轮服务人员职业角色的化妆技巧。
任务要求	完成修饰面容的妆容训练，满足岗位要求，塑造个人形象。
任务思考	你知道哪些关于职业女性化妆的注意事项？

表 2-3（续）

项目名称	任务清单内容
任务实施	情景模拟：某邮轮公司的各部门服务人员在进行上岗前的妆容修饰。 （教师事先将班级女生分成五个小组，每个小组模拟一个部门，分别为前厅、中餐、西餐、客舱、娱乐部。每个小组推选一位同学模拟部门主管） 任务要求： 1. 事先了解职业妆容要求、职业女性淡妆化妆的基本原则。 2. 事先以小组为单位准备齐全的化妆工具。 3. 事先做好面部清洁，并完成保湿。 4. 教师用一位模特示范化妆步骤，各小组按步骤进行。（模特只化半边脸部，方便做前后比较，另一半脸由模特事后自行完成） 5. 教师提醒学生化妆各步骤的注意事项与技巧，也邀请学生分享自己的化妆心得。 6. 各小组完成职业淡妆化妆练习，并熟悉符合国际邮轮服务人员职业角色的化妆技巧。 7. 各小组的模拟主管负责记录本小组成员化妆后的优缺点。
任务总结	通过完成上述任务，你学到了哪些职业淡妆化妆的知识与技能？
实施人员	
任务点评	

【点　睛】

本节课主要学习职业女性淡妆化妆的基本原则、基本步骤。同学们需要正确把握职业妆容的化妆要求和技巧，这样才能提升整体精神面貌，塑造庄重典雅的气质。

【做中学　学中做】

请根据教师对化妆的基本原则、步骤的讲解与学生分组进行的情景模拟练习，归纳总结职业淡妆的化妆步骤和操作标准，填写表 2-4。

表 2-4　职业淡妆

操作步骤	操作标准

知识锦囊

任务 2.1.2

请扫码查看，并完成任务清单。

任务2.2 服饰礼仪

2.2.1 男士西装穿着

知识目标

1. 了解服饰礼仪的基本原则。
2. 掌握男士西装穿着礼仪。

技能目标

1. 掌握男士西装穿着的要领和技巧。
2. 掌握色彩搭配的礼仪规范。
3. 了解恰当的饰品搭配。

素质目标

1. 能针对不同的活动场合，对男士穿着的西装进行整体设计。
2. 通过得体的男士西装穿着，展示个人职业形象。

案例导入

服饰的力量

美国商人希尔在创业之初，就清楚地认识到服饰在人际交往中所起的重要作用。在商业社会，大多数人是根据衣着来判断对方的实力的。因此，希尔首先去拜访裁缝，凭借往日的信用，他定做了几套昂贵的西服，共花费 275 美元，而当时他的口袋里仅有不到 1 美元。然后他又买了和西服配套得最好的衬衫、领带及内衣裤，这时他的债务已经达到 675 美元。

每天早上希尔都会身穿一套全新的衣服，在同一时间与同一位出版商“邂逅”，他每天都会和出版商打招呼，并偶尔聊上一两分钟。

大约一周之后，出版商开始主动与希尔搭话，并说：“你看起来混得相当不错。”接着，出版商便想知道希尔从事哪一个行业。因为希尔身上昂贵的衣着，表现出他是一位极有成就的人士，再加上每天一套不同的新衣服，早已引起出版商极大的好奇，而这正是希尔计划之中的事情。

于是，希尔故作轻松地告诉出版商：“我正在筹备一份新杂志，打算在近期出版，杂志的名称为《希尔的黄金定律》。”出版商说：“我是从事杂志印刷和发行的，也许我可以帮你的忙。”这正是希尔想要听到的那句话。出版商请希尔到俱乐部共进午餐，并在咖啡和香烟尚未送上桌时就说服了希尔答应和他签合约，由他负责印刷和发行。

《希尔的黄金定律》这本杂志从印刷到发行所需要的资金至少 3 万美元，而其中的每一分钱都是从漂亮衣服所打造的“幌子”上筹集来的。因为希尔知道：成功的外表总能吸引人们的注意，尤其能吸引人们“赞许的注意”。

可见“人靠衣服马靠鞍”并非虚言。得体的着装不仅能让别人产生好感，同时还能直接反映出一个人的修养与气质，它往往能做到在别人尚未认识你或了解你的才华之前，就已经透露出你是何种人物，而在这方面稍下一点功夫，是会事半功倍的，因此我们要学会运用服饰这一武器来“武装”自己。

任务清单

认知男士西装穿着（表 2-5）

表 2-5　男士西装穿着

项目名称	任务清单内容
任务情景	西装于清朝传入中国，由于起源于欧洲，因此被称为“西装”。国际交际惯例认为，西装是男士的正统服装，很久以来已形成其固有的穿着习惯。 西装美观大方，穿着舒适，因其既正统又简练，且不失气派与风格，已发展成当今国际最标准、最通用的礼服。“西装七分在做，三分在穿”，要使西装穿着合乎礼仪要求，服饰搭配应齐全合理。
任务目标	参加正式的职场活动，男士须穿着西装。做好充足的知识、技巧准备，包括了解服饰礼仪四个原则——T.O.P 原则、三色原则、和谐原则和个性原则；西装款式与场合；西装穿着要领和搭配技巧。
任务要求	掌握男士西装穿着礼仪的规范要求和服饰搭配技巧。
任务思考	你知道哪些关于男士西装穿着的错误做法吗？

表 2-5（续）

项目名称	任务清单内容
任务实施	情景模拟：某邮轮公司销售部近期需要承担来自欧美国家合作企业的接待工作，邮轮公司的销售部男性员工应在西装穿着上注意哪些问题？ （教师事先将班级男生分成四个小组，前三个小组模拟销售部接待人员，其中第一个小组准备单排扣西装套装，第二个小组准备双排扣西装套装，第三个小组准备西装便装，最后一个小组模拟欧美国家合作企业的来访人员，准备西装套装） 任务要求： 1. 事先了解服饰礼仪四个原则（T.O.P 原则、三色原则、和谐原则和个性原则）。 2. 各小组成员事先准备单排扣西装套装、双排扣西装套装、西装便装和各种供搭配的佩饰（领带、皮鞋、袜子、皮带等）。 3. 各组情景模拟针对不同接待工作（会议、休闲活动）正确搭配西装及佩饰，其中会议活动穿着西装套装，休闲活动穿着西装便装。 4. 各组情景模拟为欧美国家合作企业提供会议、休闲活动接待。尤其要注意站立与就座时的西装扣法。 5. 模拟客人小组记录下其他每个小组接待过程中西装穿着和搭配的优缺点。 6. 通过模拟活动了解西装的款式与着装场合、西装的穿着要领和搭配技巧。
任务总结	通过完成上述任务，你学到了哪些知识与技能？
实施人员	
任务点评	

【点　睛】

本节课主要学习服饰礼仪四个原则，男士西装款式与着装场合、西装穿着要领和搭配技巧。同学们需要正确把握男士不同款式西装的穿着要领和搭配技巧，这样才能更好地打造大方得体的职业形象。

【做中学　学中做】

请根据教师对服饰礼仪和男士西装穿着、搭配知识的讲解与学生分组进行的情景模拟练习，归纳男士在不同场合下职业着装的类型和穿着要领，填写表 2-6。

表 2-6　男士着装

交际场合	职业着装	穿着要领
	西装便装	
	双排扣西装套装	
	单排扣西装套装	

知识锦囊

任务 2.2.1

请扫码查看，并完成任务清单。

2.2.2 女士套裙穿着

知识目标

了解女士套裙的穿着规范。

技能目标

1. 掌握女士套裙穿着的要领和技巧。
2. 掌握套裙穿法和搭配的礼仪规范。
3. 了解恰当的饰品搭配。

素质目标

1. 能针对不同的活动场合，对女士穿着的套裙进行整体设计。
2. 通过得体的女士套裙穿着，塑造职业女性形象。

案例导入

能力与穿着

有位女职员是财税专家，她有很好的学历背景，经常为客户提供很好的建议，在公司里的表现一直非常出色。

但当她到客户的公司为其提供服务时，对方主管却对她的建议不以为意，她能发挥才能的机会就减少了。这让她一度非常苦恼，不知道问题出在哪里。

一位时装大师发现这位财税专家在形象塑造和着装方面存在着明显不足：她 26 岁，身高 147 厘米，体重 43 千克，看起来机敏可爱，外表像个才 16 岁的小姑娘，实在缺乏说服力；而她在着装方面偏偏还爱穿牛仔裤、旅游鞋，束马尾辫，常背一个双肩书包，充满青春的活力。也因此，当这位财税专家与客户接触时，便会让人觉得她工作经验不足、缺乏专业能力，所以客户不太接受她的建议。

如果一个人在平时不注重自我形象的塑造，那么就很难获得客户的信赖。要塑造一个良好的个人形象，提高个人修养，这是每一位员工对企业负责的表现。

任务清单

认知女士套裙穿着（表 2-7）

表 2-7　女士套裙穿着

项目名称	任务清单内容
任务情景	女性服务人员在正式职场的着装应以裙装为佳，不仅如此，所有适合女性服务人员在正式场合所穿的裙式服装之中，套裙是首选。套裙是职业女性的标准着装，可塑造精明强干的职业形象。
任务目标	正式职场交际中，女性服务人员要做好套裙搭配的充足准备，包括了解套裙着装规范，了解套裙的搭配，包括衬衫、内衣、围巾、袜子、鞋等正确的搭配知识和技巧。
任务要求	掌握服饰礼仪四个原则、套裙搭配知识和技巧。
任务思考	你知道哪些关于女士西装套裙搭配不正确的地方吗？

表 2-7（续）

项目名称	任务清单内容
任务实施	情景模拟：某邮轮公司销售部近期需要承担来自欧美国家合作企业的接待工作，邮轮公司的销售部女性员工应在西装套裙穿着上注意哪些问题？ （教师事先将班级女生分成五个小组：前两个小组模拟销售部接待人员，其中第一小组准备西装套裙，第二小组准备旗袍、正装；第三小组准备休闲装；第四、第五小组模拟欧美国家合作企业的来访人员，其中第四小组准备西装套裙，第五小组准备西式长裙晚礼服） 任务要求： 1. 事先了解服饰礼仪四个原则（T.O.P 原则、三色原则、和谐原则和个性原则）。 2. 各小组成员事先准备西装套裙、正装、旗袍、西式长裙晚礼服、休闲装和各种供搭配的佩饰（皮鞋、袜子、丝巾、胸针、耳环等）。 3. 各小组情景模拟针对不同接待工作（会议、正式宴会、休闲活动）搭配正确西装套裙、正装、旗袍、晚礼服、休闲装及佩饰。其中会议活动穿着西装套裙，正式宴会活动穿着正装、旗袍、晚礼服，外出观光穿着休闲装。 4. 各小组情景模拟为欧美国家合作企业提供会议、正式宴会、外出观光的接待和交际。 5. 模拟客人的小组记录下其他每个小组接待过程中西装套裙、正装、旗袍、晚礼服、休闲装穿着和搭配的优缺点。 6. 通过模拟活动了解女士服饰礼仪，以及根据不同场合选择恰当的裙装进行搭配的技巧。
任务总结	通过完成上述任务，你学到了哪些知识与技能？
实施人员	
任务点评	

【点　睛】

本节课主要学习女士服饰礼仪、西装套裙的着装规范，了解套裙的搭配，包括衬衫、内衣、围巾、袜子、鞋等的搭配知识和技巧。同学们需要正确把握不同场合下的穿着要领和搭配技巧，这样才能更好地打造优雅端庄、美丽精干的职业形象。

【做中学　学中做】

请根据教师对女士服饰礼仪、女士西装套裙着装规范和搭配知识的讲解与学生分组进行的情景模拟练习，归纳女士在不同场合下职业着装的规范和穿着、搭配的要领，填写表 2-8。

表 2-8　女士着装

交际场合	职业着装	穿着要领

知识锦囊

任务 2.2.2

请扫码查看，并完成任务清单。

2.2.3 国际邮轮服务人员制服要求

知识目标

了解国际邮轮服务人员的仪表服饰规范。

技能目标

1. 掌握国际邮轮各岗位服务人员仪表服饰礼仪要求。
2. 了解国际邮轮服务人员制服穿着注意事项。

素质目标

1. 邮轮服务人员整洁大方的制服穿着，体现出对服务对象的尊重，表达了对服务对象的重视。
2. 通过规范制服穿着，提高邮轮服务人员的个人素质，塑造与维护邮轮企业的形象。

案例导入

形象的重要性

李先生是北京的一名“上班族”，每天他都会从北京某地铁站乘坐地铁上下班。一天，李先生下班后，在刷卡出站时刷卡机出现了故障，他准备向服务人员求助。在找寻服务人员时，他发现一名三十多岁的服务人员靠在地铁内的一根柱子上，敞开制服上衣，挽起裤腿，左手叉腰，右脚放在左脚前，踮脚歪站着，表情散漫，还时不时撩起制服，双手在露肉的地方挠痒。张先生觉得其作为一名城市轨道交通的服务人员，有损北京地铁的形象，便拍了照片发到微博上并 @ 北京地铁官方微博。人们随即对这件事展开了热烈的讨论。

该地铁站负责人知道后，对该名服务人员进行了严厉的批评：“你作为一名城市轨道交通服务人员，穿着北京地铁的制服，一举一动不仅代表你自己的形象，更展现了北京地铁的精神面貌，你这样的行为会损坏企业形象。以后在穿着制服的时候，你要注意自己的仪容、服饰礼仪，使自己的形象、举止符合制服所要展示出的企业的形象。”这名服务人员听取了教训，并进行了改正。

思考：

在服务行业中，企业为什么会对员工穿着的制服有统一规范和要求？

1. 服饰礼仪对服务质量有间接影响力。案例中这位服务人员并没有对乘客表现出直接的不尊重或其他不良行为，但其制服敞开、挽起裤腿等不佳的服饰礼仪给乘客留下不好的印象，从而间接地降低了服务质量。

2. 服务人员的形象代表的不仅是个人，更反映了企业甚至整个行业的服务水平。案例中的这位服务人员虽然是以个体形象出现在公众面前，但当他被乘客拍照并发布到微博上，还 @ 北京地铁官方微博时，人们对其的评价就上升到了对北京地铁甚至整个地铁行业的评价，影响了对北京地铁整体服务水平的评价。

任务清单

认知邮轮服务人员着装（表 2-9）

表 2-9　邮轮服务人员着装

项目名称	任务清单内容
任务情景	邮轮服务岗位的制服是按照有关规定，由邮轮服务人员穿着的与本人岗位角色相称的正式服装。邮轮各岗位都有着不同的制服，制服能够最大程度地体现职业特征，应具有正式规范、庄重大方、符合身份、实用便利等特点。
任务目标	邮轮服务人员每日上班前要做到：检查自己的仪表，包括制服、铭牌、发式、面部、佩饰、鞋袜、卫生等。要认真检查，及时纠正错误，这样才能帮助服务人员增强服务意识。
任务要求	掌握国际邮轮服务人员仪表准则和服饰礼仪规范要求，提升服务人员的职业形象。
任务思考	你知道哪些关于邮轮服务人员仪表服饰礼仪规范的注意事项吗？

表 2-9（续）

项目名称	任务清单内容
任务实施	情景模拟：邮轮公司的各岗位服务人员做上岗前的仪表自查，应该在制服、铭牌、发式、妆容、配饰、鞋袜、卫生等方面注意哪些问题？ （教师事先将班级学生分成三个小组，分别模拟前厅、餐饮、客舱服务人员，并由小组推选一位同学模拟岗位主管人员） 任务要求： 1. 事先了解邮轮各岗位服务人员仪表服饰礼仪规范。 2. 制定各岗位服务人员仪表服饰自查清单。 3. 将自查清单形成文字，为小组的自查、评分做好准备。 4. 各组情景模拟为各岗位服务人员岗前仪表自查。 5. 模拟主管记录下本小组制服检查的优缺点，完成自查评分。
任务总结	通过完成上述任务，你学到了哪些知识与技能？
实施人员	
任务点评	

【点　睛】

本节课主要学习国际邮轮服务人员仪表准则、仪表服饰礼仪规范，了解各岗位服务人员的制服穿着知识和搭配技巧，包括制服、铭牌、衬衣、领结、鞋袜等。同学们需要正确把握不同岗位服务人员的制服穿着知识和搭配技巧，这样才能更好地为客人提供专业周到的服务。

【做中学　学中做】

请根据教师对各岗位服务人员制服穿着和搭配知识的讲解与学生分组进行的情景模拟练习，归纳不同岗位服务人员的制服穿着、搭配规范，填写表 2-10。

表 2-10　制服穿着及搭配

工作岗位	制服穿着及配饰规范

知识锦囊

请扫码查看，并完成任务清单。

任务 2.2.3

任务 2.3 仪态礼仪

2.3.1 站姿礼仪

知识目标

掌握站姿礼仪的基本要领。

技能目标

熟练地规范运用前腹式、后背式站姿开展服务工作。

素质目标

1. 提高个人综合素质。
2. 提升邮轮服务质量。

案例导入

形态各异的站姿

小美是邮轮公司新招聘的员工之一，按新员工培训计划，公司将组织大家一起学习服务工作中的站、坐、走、蹲和手势的礼仪规范，并选出表现最好的学员。

培训刚开始，教师组织大家排队，让大家以自己平时习惯的站姿站立。结果教师当场表示，整个团队没有一点儿精气神，原因是每个人的站姿形态各异，有的人歪头斜脑、有的人低头沉默、有的人双手环抱于胸前、有的人扭胯叉腰等，而这些都不符合服务人员的站姿规范。

接下来我们和小美一起跟教师学习站姿礼仪，提升个人的职场形象。

任务清单

认知站姿礼仪（表 2-11）

表 2-11　站姿礼仪

项目名称	任务清单内容
任务情景	小美参加的邮轮新员工培训终于正式开始了，仪态培训的第一个项目是学会基本站姿，并掌握服务人员常用的服务站姿，完成站姿训练。
任务目标	通过对服务站姿礼仪的学习，完成站姿训练，学生应能熟练运用站姿进行服务工作。
任务要求	穿着职业装，准备书本或纸张，在形体实训室练习。
任务思考	服务站姿的基本要领有哪些？

表 2-11（续）

项目名称	任务清单内容
任务实施	1. 基本站姿训练 按照站姿礼仪的基本要求进行练习，教师不断提醒动作要领，并逐个纠正。学生进行自我调整，同学间相互调整，记住动作要领。训练时可以放些优雅、轻松的音乐调节课堂气氛，调整学生心态，使学生微笑得更加自然。 2. 贴墙站立训练 要求脚后跟、小腿、臀部、双肩、后脑都紧贴墙，俗称“五点成一线”，让学生感觉到全身处于一个平面上。 3. 夹书站立训练 要求学生两条小腿之间夹一张白纸或者一本书，不能让其掉下，如夹不紧可以用一根绳子捆绑住膝关节。经常训练可以矫正 O 形腿和外八字走路姿势。 4. 练习前腹式站姿和后背式站姿 站姿训练可以结合微笑训练同时进行，强调微笑自然、始终如一，可配上悠扬、欢快的音乐调整学生的心态。
任务总结	通过完成上述任务，你掌握基本站姿的要领和常用服务站姿礼仪了吗？
实施人员	
任务点评	

【点　睛】

本节课主要学习仪态礼仪中站姿的基本要领及要求，强化基本站姿的练习，在此基础上学习不同的服务站姿礼仪，让学生掌握站姿的要领。

【做中学　学中做】

先由教师组织课堂，对基本站姿、服务站姿的知识和要领进行讲解，并进行示范演示。然后学生以 8~10 人为一组，进行分组模拟练习。练习的主要项目为基本站姿训练、贴墙站立训练、夹书站立训练等，并让每个小组在不同训练项目中轮流转换训练方式。最后请表现最优秀的小组为大家做示范表演，由教师进行点评。课后每位学生应写出实训报告。

知识锦囊

请扫码查看，并完成任务清单。任务 2.3.1

2.3.2 坐姿礼仪

知识目标

掌握坐姿礼仪的基本要领。

技能目标

熟练地规范运用常用的男士、女士坐姿开展服务工作。

素质目标

1. 提高个人综合素质。
2. 提升邮轮服务质量。

案例导入

小美随意的坐姿

今天在邮轮新员工的礼仪培训课上，教师邀请小美及几位同学到台前给大家展示坐姿。

小美自信大方地与其他同学来到台前入座，她习惯地跷起二郎腿，不经意间，脚尖的方向朝向了对面的同学。

思考：

小美的坐姿正确吗？

坐姿礼仪的基本要领是什么呢？

接下来我们与小美一起跟教师学习坐姿礼仪，提升个人的职场形象。

任务清单

认知坐姿礼仪（表 2-12）

表 2-12　坐姿礼仪

项目名称	任务清单内容
任务情景	邮轮新员工仪态培训的第二个项目坐姿礼仪即将开始。 当小美知道要学习坐姿礼仪的时候，她特别高兴，因为在电影《泰坦尼克号》中就有一段就餐片段，演员们优雅的坐姿给小美留下了深刻的印象，她决心要学会优雅的坐姿。
任务目标	掌握坐姿的基本要领，完成坐姿训练，能根据需要规范地使用男士或女士常用坐姿。
任务要求	穿着职业装，准备书本，准备靠背椅，在形体实训室练习。
任务思考	男士和女士常用的坐姿有哪些？

表 2-12（续）

项目名称	任务清单内容
任务实施	1. 基本坐姿训练 学生在镜子前按照坐姿礼仪的基本要求进行练习，分三大步骤：入座—坐—离座。 教师不断提醒动作要领及服务表情，并逐个纠正。学生进行自我调整，掌握坐姿基本要领。训练时可以放些优雅、轻松的音乐调节课堂气氛，调整学生心态，使学生微笑得更加自然。 2. 男士和女士常用坐姿训练 教师讲解及示范男士和女士常用坐姿仪态。 学生两人一组，相互对照练习和纠正，教师从旁指导。 3. 常用坐姿变换训练 学生分组训练，入座后每人头上放一本书，以保证在变换坐姿时上体直立、颈部挺直、双目平视、面带微笑。
任务总结	通过完成上述任务，你掌握常用的坐姿礼仪了吗？
实施人员	
任务点评	

【点 睛】

本节课通过学习仪态礼仪中坐姿的基本要领及要求，让学生掌握坐姿礼仪，在此基础上，加强坐姿变化练习，提升学生灵活运用的能力。

【做中学 学中做】

先由教师组织课堂，对基本坐姿、常用坐姿的知识和要领进行讲解，并进行示范演示。然后学生以 8~10 人为一组，进行分组模拟练习。练习的主要项目为基本坐姿训练、男士和女士常用坐姿训练、常用坐姿变换训练等。每个小组在不同的训练项目中轮流转换训练方式。课后每位学生应写出实训报告。

知识锦囊

任务 2.3.2

请扫码查看，并完成任务清单。

2.3.3 走姿礼仪

知识目标

1. 掌握走姿礼仪的基本要领。
2. 了解走姿礼仪规范与服务场合行走禁忌。

技能目标

熟练地规范运用走姿开展服务工作。

素质目标

1. 提高个人综合素质。
2. 提升邮轮服务质量。

案例导入

小美的困惑

小美参加的邮轮公司新员工培训仍在继续。

小美从小就学习舞蹈，对自己的仪态很有信心。培训一开始，教师就请几位同学来展示他们的走姿，小美也是其中之一。她自信满满，走路摇曳生姿，吸引了大家的目光。教师对大家的走姿一一做点评，对小美评价为：走姿非常不恰当。小美上身刻意地摇曳摆动与幅度较大的扭胯的确吸引了大家的注意，但是并不符合服务人员的仪态规范。

思考：

什么样的走姿才符合服务礼仪规范呢?

任务清单

认知走姿礼仪（表 2-13）

表 2-13　走姿礼仪

项目名称	任务清单内容
任务情景	接下来是邮轮新员工仪态培训的第三个项目走姿礼仪的学习。小美能在本次训练中掌握服务走姿的要领，改正之前不恰当的走姿姿势吗？
任务目标	掌握走姿的基本要领，在此基础上学会在服务工作中灵活运用走姿，并了解服务场合的走姿禁忌。
任务要求	穿着职业装，在形体实训室练习。
任务思考	与客人同向行走或逆向行走时需要注意哪些走姿礼仪？

表 2-13（续）

项目名称	任务清单内容
任务实施	1. 基本走姿训练 学生在镜子前按照走姿礼仪的基本要求练习走姿。 教师分别对步幅、步位、步速进行指点，并逐个纠正。学生自我调整，掌握走姿基本要领。训练时可以放些优雅、轻松的音乐调节课堂气氛，调整学生心态，使训练效果更好。 2. 走姿方向练习 教师讲解及示范前行式走姿、后退式走姿、侧身式走姿。 （1）前行式走姿：直立向前走。 （2）后退式走姿：与他人告别时，应先后退两三步，再转身离去。 （3）侧身式走姿：引导他人前行或在较窄的地方与他人相遇时，要采用侧身式走姿。 练习要求：两人一组，分别扮演邮轮客人和服务人员，进行以上三种走姿训练。
任务总结	通过完成上述任务，你掌握常用走姿礼仪了吗？
实施人员	
任务点评	

【点　睛】

本节课通过学习仪态礼仪中走姿的基本要领及要求，让学生在掌握走姿礼仪的基础上，进行服务场景模拟训练，并根据邮轮服务的需求，提升学生灵活运用走姿进行服务的能力。

【做中学　学中做】

先由教师组织课堂，对走姿礼仪的要领进行讲解，并进行示范演示。然后学生以8~10人为一组，进行分组模拟练习。练习的主要项目为基本走姿训练和走姿方向训练。课后每位学生应写出实训报告。

知识锦囊

任务 2.3.3

请扫码查看，并完成任务清单。

2.3.4 蹲姿礼仪

知识目标

掌握蹲姿礼仪的基本要领。

技能目标

熟练地规范运用高低式、交叉式蹲姿开展服务工作。

素质目标

1. 提高个人综合素质。
2. 提升邮轮服务质量。

案例导入

如何优雅地捡起地上的物品

今天的培训课程即将开始，小美快速走了进来，因为太匆忙，她随身携带的笔记本与笔掉落在地上。身着邮轮西装套裙制服的小美由于心急，当着大家的面就要躬身捡起地上掉落的物品。

一旁的教师叫住了小美，随即优雅地蹲下，帮小美拾起地上的物品。这时候小美才意识到刚才行为的不妥之处，羞红着脸向教师表示感谢。

接下来我们一起学习，如何优雅地运用蹲姿开展服务工作。

任务清单

认知蹲姿礼仪（表 2-14）

表 2-14　蹲姿礼仪

项目名称	任务清单内容
任务情景	负责给邮轮新员工培训的教师故意将一支签字笔放在地上，让小美帮他捡起来。小美不明所以，大大咧咧地弯腰去捡，结果衣服太短，后背露了出来，小美满脸尴尬地看着教师，感到非常不好意思。
任务目标	掌握常用的服务蹲姿要领，能在各种服务场景中灵活运用蹲姿。
任务要求	穿着职业装，在形体实训室练习。
任务思考	男士和女士的蹲姿有哪些不同？

表 2-14（续）

项目名称	任务清单内容
任务实施	1. 男士和女士蹲姿 教师分别对男士蹲姿和女士蹲姿进行示范与讲解，组织学生分男生组和女生组进行训练。学生自我调整，同时相互调整，掌握男士和女士蹲姿要领。训练时可以放些优雅、轻松的音乐调节课堂气氛，调整学生心态，使训练效果更好。 2. 服务场景蹲姿训练 学生分成邮轮客人组和服务组进行练习。各组设计服务场景，练习蹲姿。 工作场景有： （1）劝慰小朋友，或帮小朋友系鞋带； （2）安抚身体不适、坐在沙发上的登船客人； （3）为邮轮客人拾起掉在地上的船卡或物品； （4）与乘坐轮椅的客人说话。
任务总结	通过完成上述任务，你掌握常用的蹲姿礼仪了吗？
实施人员	
任务点评	

【点　睛】

本节课学生通过模拟服务场景的训练，掌握蹲姿礼仪的要领，形成良好的服务意识。

【做中学　学中做】

先由教师组织课堂，对男士和女士蹲姿礼仪的要领进行讲解，并进行示范演示。然后学生分成邮轮客人组和服务人员组，进行分组模拟练习。课后每位学生应写出实训报告。

知识锦囊

请扫码查看，并完成任务清单。任务 2.3.4

2.3.5 手势礼仪

知识目标

掌握手势礼仪的基本要领。

技能目标

熟练地规范运用横摆式、直臂式、斜摆式和双臂式手势开展服务工作。

素质目标

1. 提高个人综合素质。
2. 提升邮轮服务质量。

案例导入

如何开展乘客引导工作

小美和其他邮轮新员工接到工作通知，明天将协助登船部员工一同接待乘客登船。

在接待服务工作中，需要使用各种手势，让我们一起学习规范的手势服务礼仪，为接下来的指引服务工作提升质量吧。

任务清单

认知手势礼仪（表 2-15）

表 2-15　手势礼仪

项目名称	任务清单内容
任务情景	今天是仪态培训的最后一个项目，本次的培训内容是手势礼仪。明天小美就要轮岗实习了。
任务目标	掌握常用的服务手势的基本要领，并能在各种服务场景中规范地运用手势开展服务工作。
任务要求	穿着职业装，在形体实训室练习。
任务思考	邮轮服务人员在服务过程中，为什么除了使用语言之外还常常搭配手势？

表 2-15（续）

项目名称	任务清单内容
任务实施	1. 常用服务手势训练 （1）横摆式训练； （2）直臂式训练； （3）斜摆式训练； （4）双臂式训练。 教师组织教学，示范及讲解各手势要领。分组训练，组织学生在镜子前练习和调整手势仪态。 2. 服务手势训练 学生分为两种角色，即邮轮客人与服务人员。要求两人一组，自由设计场景进行引导服务练习。 要求：邮轮服务人员运用四种服务手势进行服务。在场景练习中，所有学生都要注意各自的仪态是否规范，可以用摄像机拍摄下来，供大家回放时纠正。
任务总结	通过完成上述任务，你掌握常用的手势礼仪了吗？
实施人员	
任务点评	

【点　睛】

本节课通过由学生自主创设的服务场景，让学生能够规范地运用手势礼仪开展服务工作，提升学生的创造力与服务意识。

【做中学　学中做】

先由教师组织课堂，对服务手势礼仪的要领进行讲解，并进行示范演示。然后学生分成邮轮客人组和服务人员组，进行分组模拟练习。课后每位学生应写出实训报告。

知识锦囊

请扫码查看，并完成任务清单。

任务 2.3.5

任务 2.4　语言礼仪

2.4.1　语言沟通

知识目标

掌握语言沟通的基本原则。

技能目标

能够根据语言沟通的基本原则开展服务工作。

素质目标

1. 提升语言沟通的意识。
2. 提高个人综合素质。
3. 提升邮轮服务质量

案例导入

“老外”有时并不“外”

一天，有位来自英国的客人登上了一艘停泊在长江边的邮轮，打算游览长江美景。前厅部员工小王为其办理了客舱入住手续。由于需要确认客人身份，所以核对证件时耽搁了一些时间，客人便有些不耐烦了。

于是，小王便用汉语向客人的陪同人员进行了解释。然而在交谈中，他随口以“老外”二字称呼客人，碰巧这位陪同人员正是客人的妻子，结果引起客人极大不满。事后，小王虽然向客人表达了歉意，但客人仍表示不予谅解。这件事给邮轮公司的声誉带来了一定的消极影响。

思考：

小王为什么引起英国客人的不满？

任务清单

认知语言沟通礼仪（表 2-16）

表 2-16　语言沟通礼仪

项目名称	任务清单内容
任务情景	教师给学生们分析了案例“‘老外’有时并不‘外’”，之后让大家围绕语言沟通的原则展开讨论。
任务目标	掌握服务人员语言沟通的基本原则，树立正确的语言沟通意识。
任务要求	穿着职业装，在邮轮综合实训室练习。
任务思考	为什么语言沟通在邮轮服务中具有重要的作用？

表 2-16（续）

项目名称	任务清单内容
任务实施	要求：以 6 ～ 8 人为一组，小组讨论语言沟通的重要性，思考语言沟通的基本原则有哪些。 小组共同讨论，整理讨论结果并总结归纳，各小组派出代表分享语言沟通的基本原则有哪些。 教师组织各小组发言后，归纳总结各小组分享的观点与差异，指导学生开展总结归纳，同时强调语言沟通的原则，强化学生对语言沟通原则的理解。
任务总结	通过完成上述任务，你掌握语言沟通的基本原则了吗？
实施人员	
任务点评	

【点　睛】

本节课教师通过组织学生开展小组合作学习，引导学生对语言沟通的知识点进行理解、总结和归纳，培养学生进行良好语言沟通的意识。

【做中学　学中做】

先由教师组织课堂，对服务用语的重要性和沟通原则开展小组讨论，引导学生总结归纳，培养学生的团队意识，提高反思能力。课后每位学生应写出实训报告。

知识锦囊

请扫码查看，并完成任务清单。

任务 2.4.1

2.4.2 服务语言

知识目标

掌握礼貌的服务语言礼仪知识。

技能目标

能够使用恰当的语言开展服务工作。

素质目标

1. 提升服务意识，形成良好的语言习惯。
2. 提高个人综合素质。
3. 提升邮轮服务质量。

案例导入

您“要饭”么?

在邮轮餐厅，客人王先生与家人正享受着美味的午餐。

站在一旁的服务员小陈观察到王先生的饭碗已空，于是主动上前柔声问道：“请问先生，您还要饭么？”王先生面色不悦，向服务员小陈摇摇头。

小陈很不理解为什么自己主动服务却没有让客人感到满意。

任务清单

认知服务语言礼仪（表 2-17）

表 2-17　服务语言礼仪

项目名称	任务清单内容
任务情景	教师给学生们设置了一个模拟场景：她扮演到餐厅点餐的客人，学生扮演接待的工作人员。 模拟结束后，教师对部分学生的表现进行了点评。她认为一些学生用词都不错，也很有礼貌，可是语调过于平缓，显得礼貌有余而亲切不足。 那么，学生们还有哪些方面需要改进呢？
任务目标	掌握服务语言的要求，规范地运用服务语言为客人提供各项服务。
任务要求	穿着职业装，在邮轮综合实训室练习。
任务思考	邮轮上不同的部门，使用的服务语言有区别吗？

表 2-17（续）

项目名称	任务清单内容
任务实施	要求：学生两人一组，自行设计一段邮轮服务场景对话，分别扮演邮轮客人与服务人员。 用录音设备录下对话，然后仔细聆听，找出服务用语中关于音量、语调、语气、语速有待改进的地方。反复练习与录音，最后提交录音。 教师对学生提交的录音进行优缺点的点评，提升学生语言的应用能力。
任务总结	通过完成上述任务，你学会服务语言礼仪了吗？
实施人员	
任务点评	

【点　睛】

本节课教师通过组织学生自主创设服务场景，让学生发现其自身有待提高的服务语言意识，以角色代入的方式提升学生的综合素质。

【做中学　学中做】

先由教师组织课堂，对服务用语的任务进行分配，然后由学生扮演邮轮客人和服务人员的角色，进行服务用语练习。课后每位学生应写出实训报告。

知识锦囊

请扫码查看，并完成任务清单。任务 2.4.2

扫码查看答案

思考与练习

【任务 2.1　仪容与化妆礼仪】练习题

一、判断题

1. 整体形象的和谐统一是职业妆容设计的最重要原则。（　）

2. 职业女士化妆不用避人。（　）

3. 唇膏色与眼影色、腮红色及服饰色彩要协调、统一。（　）

二、单项选择题

1. 修眉工具不包括（　）。

A. 眉钳、眉笔　　B. 眉笔、眉刷

C. 梳子、眉剪　　D. 滋润乳液和海绵头化妆棒等

2. 化妆时应注意的问题不包括（　）。

A. 扬长避短　　B. 妆色与光线之间的关系

C. 妆的浓淡要因时间、场合而异　　D. 可以当众化妆或补妆

三、简答题

职业女性化妆的基本原则是什么?

四、案例分析题

吴菲，某高校国际邮轮乘务服务专业高才生，毕业后就职于一家国际邮轮公司，成为前厅接待人员。为了工作需要，上班时，她化上漂亮、端庄的职业淡妆：不脱色的粉底液，眉毛修饰自然、眉梢带棱角，眼影与服装色系搭配，眼线紧贴上睫毛根部描画成灰棕色，黑色自然的睫毛，再加上自然的唇形和略显鲜艳的唇色——整个妆容清爽自然，尽显自信、成熟、干练。在节假日，她就给自己来一个“大变脸”，化起了久违的“清纯少女妆”：粉红色、粉黄色、粉白色等颜色的眼影，彩色系列的睫毛膏和眼线，粉红色或粉橘色的腮红，玫瑰色的唇彩鲜亮活泼，能让她的身心都倍感轻松。化着适度、悦人的淡妆上班，她的心情很好，工作效率自然就高，一年来，吴菲借助自己得体的形象、勤奋的工作态度和骄人的业绩，赢得客人和公司同人的一致好评。

你如何评价吴菲的两种妆容？你对“化妆不只是技术，还是一门艺术、一种生活”这句话是如何理解的?

扫码查看答案

【任务 2.2　服饰礼仪】练习题

一、判断题

1. 职业场合，女性切忌盲目追求时尚。（　）

2. 全身服饰色彩的搭配宜 1:1。（　）

3. 同时佩戴多种饰品，上限为 2。（　）

二、单项选择题

1. 在商务礼仪中，男士西服如果是两粒扣子，站立时扣子的系法应为（　）。

A. 两粒都系　　B. 系上面第一粒

C. 系下面一粒　　D. 全部敞开

2. 正规商务礼仪中，关于着装的说法，以下说法不正确的是（　）。

A. 上班时间不能穿时装和便装

B. 工作之余的自由活动时间，不穿套装和制服

C. 工作之余的交往应酬，最好不要穿制服

D. 夏天公共场合，男性可穿短袖衬衫配西裤，女性可穿衬衫加套裙。

3. 女士穿着套裙时，做法不正确的是（　）。

A. 不穿着黑色皮裙

B. 可以选择长筒丝袜或连裤袜

C. 袜口不能没入裙内

D. 可以选择肉色、黑色或浅灰、浅棕色的袜子

三、简答题

1. 职场人员应如何正确选择佩饰？

2. 简述邮轮服务人员的着装要求。

四、案例分析题

经理派王小姐到南方某城市参加商品交易洽谈会。王小姐认为这是领导的信任，更是见世面、长本领的好机会。为了成功完成这次任务，王小姐进行了精心的准备，当各项工作安排完毕后，她开始为以什么形象参加会议犯了愁。经过认真思考，并根据自己对商务形象的理解，她的造型是：身着浅红色吊带上衣和白色丝织裙裤，脚上是白色漆

皮拖鞋，一头乌黑的头发飘逸地披散在肩上，浑身散发着浓郁的香水味。王小姐认为这样既突出了女性的特点，又清新靓丽具有时代感，她相信自己的形象一定能赢得客商的青睐。结果，出席会议的那天，王小姐看到其他参加会议的人时，觉得自己很尴尬：男士们个个都是西装革履，女士们穿的都是职业装，唯独王小姐穿的是具有“时代感、清新靓丽”的服装。整场会议下来，王小姐的神情特别不自然。

问：王小姐为什么会感觉不自然，请分析说明。

【任务 2.3 仪态礼仪】练习题

扫码查看答案

一、单项选择题

1. 女士行走的步幅一般以（　　）厘米左右为宜。

A. 30　　B. 35　　C. 40　　D. 45

2. 女士丁字步站姿，两脚掌呈（　　）度的夹角。

A. 30　　B. 35　　C. 40　　D. 45

3. 两小腿并拢，双脚向左或向右侧斜放，腿部与地面呈 45 度的夹角，双手交叉叠放在大腿中部压住裙口。这是哪种女士常用坐姿？（　　）

A. 女士屈直式　　B. 女士侧点式　　C. 女士侧挂式　　D. 女士重叠式

4. 当需要拿取低处物品、拾起地上掉落的物品、为小朋友或坐轮椅的客人服务时，需要采取（　　）的动作姿态。

A. 走姿　　B. 坐姿　　C. 站姿　　D. 蹲姿

5. 常用于为客人指引方向的手势是（　　）。

A. 横摆式　　B. 直臂式　　C. 斜摆式　　D. 曲臂式

二、判断题

1. 前腹式站姿一般为男士专用，站姿给人印象较为严肃。（　　）

2. 坐姿要领中，臀部坐满椅面的三分之二，坐得太靠前会让人认为你在释放即将离开的信号；如果是工作状态，则不可倚靠椅背。（　　）

3. 走姿基本要领中，两臂自然下垂前后摆动，幅度为 15 度至 30 度角，手部自然弯曲。（　　）

4. 女士选用高低式蹲姿时，注意双手交叉叠放在两腿中间遮挡裙口以免走光。（ ）

5. 服务手势是邮轮服务人员工作中运用得最多的一种身体语言。（ ）

三、简答题

1. 请简述基本站姿要领。

2. 请简述服务场合行走礼仪注意事项。

扫码查看答案

【任务 2.4 语言礼仪】练习题

一、单项选择题

1. 以下哪项不属于语言沟通的基本原则。（ ）

A. 礼貌诚恳　　B. 语言亲切　　C. 落落大方　　D. 谨慎思考

2. 初次交谈时要说（ ）。

A. “拜访”　　B. “劳驾”　　C. “久违”　　D. “久仰”

二、判断题

1. 在社交场合，“兄弟”“哥们儿”等称呼可以随时使用。（ ）

2. 在各种社交场合，涉及对方年龄、健康、经历等话题不应提。（ ）

3. 赞美他人时要真诚、客观、适时、适度。（ ）

三、简答题

1. 简述语言沟通的基本原则。

2. 简述如何使用规范的服务用语。

项目 3　国际邮轮服务人员交往礼仪

任务3.1　称呼礼仪

知识目标

1. 理解称呼礼仪的重要性。
2. 掌握社交礼仪中称呼礼仪的基本内容和要求。

技能目标

1. 熟练掌握称呼礼仪。
2. 能够熟练运用中国传统的敬称和谦称进行服务。

素质目标

通过称呼礼仪的训练，提高学生人际交往的综合素质。

案例导入

打　招　呼

客人李先生到中餐厅用餐，服务员迈克忙于招呼别的客人，暂时没有空跟他打招呼。大约过了5分钟，迈克才一边照看着别的桌的上菜情况，一边招呼李先生："你们需要现在点餐吗？"

思考：

服务员迈克这样处理合适吗，哪里出了问题？

分析提示：

在餐厅用餐高峰时，经常会遇到有的客人还没开始用餐，新来的客人就已经在一旁等待，或者客人直接走到空位等待用餐的情况。作为服务人员，要第一时间发现客人，并及时用恰当的称呼跟客人打招呼。

任务清单

认知称呼礼仪（表 3-1）

表 3-1　称呼礼仪

<table>
<tr><th>项目名称</th><th colspan="4">任务清单内容</th></tr>
<tr><td>任务情景</td><td colspan="4">露西接待了一个旅行团，为了拉近和旅行团成员的距离，了解团员对邮轮整体服务的意见，她需要和团员们面对面沟通。通过查阅系统资料，她看到了团员的名单，但是却不知道如何称呼客人会比较合适。</td></tr>
<tr><td>任务目标</td><td colspan="4">通过对称呼礼仪基本要求的学习和操作技能的训练，学生应能根据礼仪规范，恰当地称呼客人，并为客人提供各项服务。</td></tr>
<tr><td rowspan="12">任务要求</td><td colspan="4">通过客户名单了解客户资料，合适地称呼客人。
旅行团成员名单如下：</td></tr>
<tr><td>序号</td><td>姓名</td><td>单位</td><td>职务</td></tr>
<tr><td>1</td><td>赵军</td><td>广州丽达服饰有限公司</td><td>领队总经办主任</td></tr>
<tr><td>2</td><td>陈国辉</td><td>广州丽达服饰有限公司</td><td>总经理</td></tr>
<tr><td>3</td><td>张妮娜</td><td>广州丽达服饰有限公司</td><td>副总经理</td></tr>
<tr><td>4</td><td>周兰兰</td><td>广州丽达服饰有限公司</td><td>营业部经理</td></tr>
<tr><td>5</td><td>蒙刚</td><td>广州丽达服饰有限公司</td><td>品管部经理</td></tr>
<tr><td>6</td><td>吴俊生</td><td>广州丽达服饰有限公司</td><td>生产经理、总工程师</td></tr>
<tr><td>7</td><td>张雨燕</td><td>广州丽达服饰有限公司</td><td>财务经理</td></tr>
<tr><td>8</td><td>雷振</td><td>东江大学</td><td>技术顾问、博士、教授</td></tr>
<tr><td>9</td><td>周科学</td><td>广州丽达服饰有限公司</td><td>人力资源部经理</td></tr>
<tr><td>10</td><td>李站</td><td>广州丽达服饰有限公司</td><td>医生</td></tr>
<tr><td>任务思考</td><td colspan="4">如何合适地称呼客人，有什么规律吗？</td></tr>
</table>

表 3-1（续）

<table>
<tr><th>项目名称</th><th>任务清单内容</th></tr>
<tr><td>任务实施</td><td>一、面谈准备
1. 联系团队领队，约定面谈时间、地点和参与人。
面谈时间：________________（具体日期和时间）
面谈地点：________________（需填写具体地点）
参与人：________________
____
2. 打印面谈客人名单
二、面谈时，恰当地称呼客人
客人姓名________，称呼为________
客人姓名________，称呼为________
客人姓名________，称呼为________
客人姓名________，称呼为________
客人姓名________，称呼为________
三、收集客人对邮轮服务的意见反馈
____
____
____
____
____
____
________________</td></tr>
<tr><td>任务总结</td><td>通过完成上述任务，你学到了哪些知识与技能？</td></tr>
<tr><td>实施人员</td><td></td></tr>
<tr><td>任务点评</td><td></td></tr>
</table>

【任务清单】
参考答案

【点　睛】

称呼礼仪是交际礼仪中的“先锋官”，是交际大门的通行证，是交际礼仪的基础。称呼得是否恰当，影响人们进一步交往的可能性。

【做中学　学中做】

请写出 10 对中国传统的敬称和谦称，填写表 3-2。

表 3-2　中国传统的尊称和谦称

序号	敬称	谦称	序号	敬称	谦称
1			6		
2			7		
3			8		
4			9		
5			10		

知识锦囊

任务 3.1

请扫码查看，并完成任务清单。

任务 3.2 问候礼仪

知识目标

1. 理解问候礼仪的重要性。
2. 掌握社交礼仪中问候礼仪的基本内容和要求。

技能目标

1. 熟练掌握问候礼仪。
2. 能够熟练运用问候礼仪进行服务。

素质目标

通过学习问候礼仪知识，提高学生职业礼仪素养。

案例导入

问　候

一天中午，一位住在某饭店的外国客人到饭店餐厅用餐。客人刚走出电梯，站在电梯口的一位女服务员便很有礼貌地向其点头致意，并用英语说：“先生，您好！”客人微笑地回道：“你好，小姐！”

当客人走进餐厅后，引位员也对他说出同样的一句话：“您好，先生！”那位客人微笑着点了一下头，没有开口。客人吃完午饭，便到饭店的庭院散步。当他走出内大门时，一位男服务员又是同样的一句话：“您好，先生！”这时客人下意识地只是点了一下头了事。等到客人重新走进内大门时，见到的仍然是那个男服务员。“您好，先生！”的声音又传入客人的耳中，此时这位客人已经感到不耐烦了，默默地径直去乘电梯准备回房间休息。恰好在电梯口又碰见那位女服务员，自然又是一成不变的套话：“您好，先生！”客人实在不高兴了，装作没有听见的样子皱起了眉头，而这位女服务员却不明白客人为什么会不高兴。

这位客人在离店时，给饭店总经理写了一封投诉信，他写道：“……我真不明白你们饭店是怎样培训员工的？在短短的一个中午，我遇到的几位服务员竟千篇一律地重复简单的一句话，‘您好，先生’。难道他们不会使用其他的问候语吗？”

思考：

这位外国客人为什么不高兴，还投诉饭店？

分析提示：

问候要注意态度、时间、内容等，适当有礼貌的真诚问候可以赢得客人的赞许，让客人有宾至如归的感觉。

任务清单

认知问候礼仪（表 3-3）

表 3-3　问候礼仪

项目名称	任务清单内容
任务情景	问候，也就是问好、打招呼，是在和别人相见时，以语言向对方致意的一种方式。问候时要注意次序、态度、内容等，适当有礼貌的问候可以赢得客人的赞许。 服务人员小王今天接待前来预订日本航线的李经理和助理。
任务目标	通过对问候礼仪基本要求的学习和操作技能的训练，学生应能根据礼仪规范进行恰当的问候，熟练掌握问候礼仪准则。
任务要求	学生以 2 ～ 6 人为一组，分组进行情景模拟训练，掌握正确的问候方式。
任务思考	问候的次序与时机是怎样的？

表 3-3（续）

项目名称	任务清单内容
任务实施	一、接待准备 1. 联系客户，约定签约时间、地点。 2. 准备邮轮航线产品宣传册子。 二、到岗迎接 提前 5 ～ 10 分钟到岗迎接客人。 三、问候客人 客人到达，依次序问候客人，让人感到服务人员的热情、友好和真诚。
任务总结	通过完成上述任务，你学到了哪些问候礼仪？
实施人员	
任务点评	

【点　睛】

适当有礼貌的问候可以赢得客人的赞许。

【做中学　学中做】

先由教师对问候礼仪知识进行讲解，并进行视频展示。然后学生以 2 ~ 6 人为一组，进行分组模拟练习。练习的场景主要为商务场景问候、生活场景问候。小组之间可以交换场景进行演练，每个小组都要把两个场景演练一遍。请表现得最为优秀的小组为大家做示范表演，再由同学们互评，最后由教师进行点评。课后每位学生应写出实训报告。

知识锦囊

请扫码查看，并完成任务清单。

任务 3.2

任务 3.3 介绍礼仪

知识目标

1. 理解介绍礼仪的重要性。
2. 掌握社交礼仪中介绍礼仪的基本内容和要求。

技能目标

1. 熟练掌握介绍礼仪。
2. 能够熟练运用介绍礼仪进行服务。

素质目标

通过学习介绍礼仪知识，提高学生的沟通能力和职业礼仪素养。

案例导入

失败的介绍

小顾有心让朋友老张和自己的新朋友小朱认识，正好有一次小朱陪小顾看展览，遇到了老张。小顾马上热情地招呼老张，并对小朱说：“这位就是我常和你提起的老张，是泥塑高手。”接着，小顾对老张说：“老张，这是我新认识的朋友小朱，对泥塑挺有研究的。”人到中年的老张见小朱只是个二十多岁的青年，不禁感到被介绍给他很丢面子，便打了个招呼就走了，不仅不想认识小朱这个新朋友，把小顾也冷落到一边儿去了。

思考：

请结合所学的知识进行分析，小顾的此番介绍为什么以失败而告终？

分析提示：

在为他人做介绍时，先介绍谁，后介绍谁，向来都是一个十分敏感的礼仪问题。

根据社交礼仪的规范，处理这一问题时必须遵守“尊者优先了解情况的法则”，其含义是：在为他人做介绍前，首先要确定双方的地位尊卑，然后先介绍“位卑”者，后介绍“位尊”者。这样做可以使“位尊”者优先了解“位卑”者的情况，以便见机行事，在交际中掌握主动权。应确保“位尊”之人拥有“优先知情权”这一法则，或称“后来居上法则”。

小顾显然违背了这一法则，老张与小朱相比，年龄上应属于长者，根据这一法则，应先介绍年幼者，后介绍年长者，而小顾却正好相反。老张是泥塑高手，小朱却只是初有研究，老张应为长辈，小朱应为晚辈。根据“后来居上法则”，小顾应先介绍晚辈，后介绍长辈，这样好让老张能见机行事。所以小顾此番介绍以失败而告终也不足为奇了。

任务清单

认知介绍礼仪（表 3-4）

表 3-4 介绍礼仪

项目名称	任务清单内容
任务情景	1. 自我介绍：要镇定而充满自信，应敬语在先，说“您好”，然后再介绍自己的姓名、工作单位、职务，有时也可以说毕业学校以及特长或兴趣等，最后礼貌地询问别人的姓名。 2. 他人介绍：客户来公司拜见总经理，做相互介绍。 3. 集体介绍：公司年会，请为子公司一行人员做集体介绍。
任务目标	通过对介绍礼仪基本要求的学习和操作技能的训练，学生应能根据礼仪规范进行自我介绍、他人介绍和集体介绍，熟练掌握介绍次序。
任务要求	学生以 2 ～ 6 人为一组，分组进行情景模拟训练，掌握正确的介绍顺序。
任务思考	介绍主人和客人时，介绍长辈和晚辈时，介绍上级和下级时，介绍男士和女士时，介绍家人和同事时，介绍客人互相认识时，介绍宴会客人时，分别应先介绍谁？介绍的顺序应该是怎样的？

表 3-4（续）

项目名称	任务清单内容
任务实施	A 公司王经理来邮轮公司拜访邮轮公司张总经理，邮轮公司李秘书为双方进行介绍。 一、迎接准备 1. 联系王经理，约定双方会面的时间、地点。 2. 准备会面的场所、接待用品。 二、迎接客人 三、介绍两人认识 做他人介绍时尤其要注意介绍的顺序。
任务总结	通过完成上述任务，你学到了哪些介绍礼仪的原则和顺序？
实施人员	
任务点评	

【点　睛】

1. 自我介绍时要充满自信、内容简明扼要。

2. 他人介绍应遵循“尊者优先了解情况的法则”。（含义详见“案例导入”）

【做中学　学中做】

先由教师对介绍礼仪知识进行讲解，并进行视频展示。然后学生以 2~6 人为一组，进行分组模拟练习。练习的场景主要为自我介绍、他人介绍、集体介绍。小组之间可以交换场景进行演练，每个小组都要把三个场景演练一遍。请表现得最为优秀的小组为大家做示范表演，再由同学们互评，最后由教师进行点评。课后每位学生应写出实训报告。

知识锦囊

任务 3.3

请扫码查看，并完成任务清单。

任务 3.4 握手礼仪

知识目标

1. 理解握手礼仪的重要性。
2. 掌握社交礼仪中握手礼仪的基本内容和要求。

技能目标

1. 熟练掌握握手礼仪。
2. 能够熟练运用握手礼仪进行服务。

素质目标

通过学习握手礼仪知识，提高学生的交往能力和职业礼仪素养。

案例导入

握　手

一位旅美华侨在家乡举办了一场酒会，宴请当地几位房地产界的商人，希望能增进彼此间的了解，寻找合适的合作伙伴。

郑先生是本地房地产大户，声名远扬，是旅美华侨最为期待的合作对象。但遗憾的是，旅美华侨与郑先生握手时，握到了一只潮湿柔软、被动无力的手，这只“死鱼一般”的手与它的主人洒脱热情的外表极不相称。握手以后，旅美华侨对郑先生很失望，并产生了厌恶。

最终，这次合作的机会被另一位实力稍逊的房地产商获得，郑先生因此在房地产界丢了大大的面子，事后他却百思不得其解。

思考：

1. 郑先生为何最终失败了？

2. 在社交场合中，规范的握手方式及应注意的问题是什么？

分析提示：

在职场人际交往中，热情、适度地握手可以给对方留下良好的印象。

任务清单

认知握手礼仪（表 3-5）

表 3-5　握手礼仪

项目名称	任务清单内容
任务情景	1. 与长时间未见的熟人相遇，应握手表示自己的喜悦。 2. 经介绍与人相识，应握手表示很高兴认识对方。 3. 在宴会、舞会、招待会等社交活动中，主人应与客人握手表示欢迎或欢送。 4. 向他人表达感激、祝贺、支持、安慰时，可用握手的方式表示。
任务目标	通过对握手礼仪基本要求的学习和操作技能的训练，学生应能应付自如地与他人握手，熟练掌握握手的时机与顺序。
任务要求	学生以 2 ～ 6 人为一组，分组进行情景模拟训练，掌握正确的握手方式。
任务思考	以上任务情景中的握手顺序是怎样的？

表 3-5（续）

项目名称	任务清单内容
任务实施	公司名称：乐可服饰管理有限公司 参与接待人员：李林（总经理）；张明（开发部经理）；刘芳（秘书）…… 接待部门：办公室 来访者单位：东升商贸有限公司 来访人员：陈晓杰（总经理）；黎明（经理助理）；小赵（司机 ） 一、迎接准备 二、客户到达，介绍双方认识 三、双方握手 1. 握手的方式 2. 握手的时间
任务总结	通过完成上述任务，你学到了哪些握手礼仪的知识与技能？
实施人员	
任务点评	

【点　睛】

在人际交往中，握手虽然司空见惯，看似寻常，但由于它可以传递多种信息，因此在行握手礼时应努力做到合乎规范、不犯禁忌。

【做中学　学中做】

先由教师对握手礼仪知识进行讲解，并进行视频展示。然后学生以 2 ~ 6 人为一组，进行分组模拟练习。练习的场景主要为单手握手、双手握手。小组之间可以交换场景进行演练，每个小组都要把两个场景演练一遍。请表现得最为优秀的小组为大家做示范表演，再由同学们互评，最后教师进行点评。课后每位学生应写出实训报告。

知识锦囊

任务 3.4

请扫码查看，并完成任务清单。

任务 3.5　名片礼仪

知识目标

1. 理解名片礼仪的重要性。
2. 掌握社交礼仪中名片礼仪的基本内容和要求。

技能目标

1. 熟练掌握名片礼仪。
2. 能够熟练运用名片礼仪进行服务。

素质目标

给人留下良好的第一印象，提高学生人际交往的综合素质。

案例导入

名　片

某世界500强企业的张经理约客户李总在咖啡厅见面，商谈合作事宜。那天他穿着休闲服装，没穿西服。

见面后，双方就互换了名片。张经理拿到名片后，随意看了一眼，然后放到裤子口袋里。李总觉得有点意外，但还是继续交流下去。

他们正在商谈着，有一个人突然过来打招呼，原来是张经理许久不见的朋友赵先生。张经理十分高兴，和赵先生聊了许久，并互换了名片，还把赵先生的名片放在了桌子上。

李总见到这个情况，面露不悦，就和张经理告别，说自己还有其他的事情就先走了。

思考：

在这个案例中，李总为什么不高兴？

分析提示：

张经理约李总在咖啡厅见面，互换名片时，没有遵守名片礼仪。在交谈过程中，见到了朋友，就把李总“晾”在一边，不符合交往礼仪。而李总的名片放在他的裤袋里，朋友的名片则放在桌面，对名片的两种处置方式形成了鲜明的对比。这让李总十分不悦，找借口离开。

任务清单

认知名片礼仪（表 3-6）

表 3-6　名片礼仪

项目名称	任务清单内容
任务情景	销售部小李接到客户张先生的电话，张先生所在的公司奖励优秀员工邮轮之旅，他想确定一下活动方案。
任务目标	通过对名片礼仪基本要求的学习和操作技能的训练，学生应能根据礼仪规范，恰当地递送名片。
任务要求	能够按照礼仪规范，递送名片。
任务思考	以上任务情景中的名片递送顺序是怎样的？

表 3-6（续）

项目名称	任务清单内容
任务实施	一、面谈准备 1. 联系张先生，约定面谈的时间和地点。 面谈时间：________________（具体日期和时间） 面谈地点：________________（需填写具体地点） 2. 准备其他客户活动案例的照片和反馈 ________________________________ ________________________________ ________________________________ 二、记录面谈过程 1. 打招呼和寒暄的内容 2. 递送名片及用语 3. 记录客人对活动的要求和建议
任务总结	通过完成上述任务，你学到了哪些知识与技能？
实施人员	
任务点评	

【任务清单】参考答案

【点　睛】

名片在商务交往中相当于自我介绍信，是个人身份的象征。互换名片是商务活动中不可缺少的部分，商务名片礼仪是否运用得当，反映出一个人的个人修养，直接影响着个人和企业的形象。

【做中学　学中做】

先由教师对名片礼仪知识进行讲解，然后学生以 2~4 人为一组，进行分组模拟练习。练习的场景主要为两人互换名片、面对面互加微信、多人互换名片、多人面对面互加微信，以及学生自创场景模拟等。小组之间可以交换场景进行演练，每个小组都要把几个场景演练一遍。请表现最为优秀的小组为大家做示范表演，再由教师进行点评。课后每位学生应写出实训报告。

知识锦囊

任务 3.5

请扫码查看，并完成任务清单。

任务 3.6 电话礼仪

知识目标

1. 熟悉拨打、接听电话的流程。
2. 理解电话沟通的重要性。
3. 了解电话沟通的技巧与禁忌。

技能目标

1. 熟练掌握电话礼仪。
2. 能够熟练运用电话礼仪进行服务。

素质目标

增强电话沟通能力，提高学生人际交往的综合素质。

案例导入

接　电　话

客舱服务中心的文员肯迪有一次接听客人的电话时说："喂，您好，客舱服务中心。"但是对方没有发出声音，肯迪等了一会，对方还是没有发出声音，于是他轻轻把电话挂了，等待对方再次打过来。

思考：

肯迪在接听电话过程中的行为及语言符合电话礼仪规范吗？

分析提示：

接听电话时，不应该说"喂"，而应该直接自报家门。如果对方没有声音，有可能是线路出错，按照服务规范，应该说："对不起，听不到您的声音，请稍后再拨。"然后再挂断电话。

任务清单

认知电话礼仪（表 3-7）

表 3-7　电话礼仪

项目名称	任务清单内容
任务情景	歌诗达邮轮“威尼斯”号的大运河餐厅位于邮轮的三层与四层，是以大运河为灵感设计的收费餐厅，餐厅里有“蓝色大运河”“贡多拉（船）”和“桥廊（叹息桥）”的装饰。每天，餐厅都会推出不同的菜式，从中餐到纯正意大利菜，让客人畅享中西美食。服务员亨利负责接听客人的咨询和预订电话。
任务目标	通过对电话礼仪基本要求的学习和操作技能的训练，学生应能根据礼仪规范，恰当地为客人进行电话服务。
任务要求	1. 按照电话礼仪进行对话。 2. 任选一个任务进行订餐模拟训练。 （1）个人用餐。 （2）一对年轻夫妻订餐。 （3）一家四口用餐，其中有个 2 岁的小朋友。 （4）10 人小团队用餐。
任务思考	如何有效而礼貌地完成电话订餐服务？

表 3-7（续）

项目名称	任务清单内容
任务实施	一、服务准备 准备好预订本和笔。 二、 服务沟通 1. 自报家门：您好，大运河餐厅。请问有什么可以帮助您？ 2. 选择预订主题：________________ （可选主题：一对年轻夫妻订餐 、个人用餐、10 人小团队用餐和一家四口用餐） 3. 记录预订需求 用餐日期和具体时间：________________ 位置需求：________ 用餐人数：________ 是否需要提前准备某种菜肴：________________ ________________ 其他需求：________________ ________________ 三、礼貌结束通话 1. 复述预订情况 ________________ ________________ ________________ 2. 请问还有别的需求吗？ ________________ 3. 结束通话。 ________________
任务总结	通过完成上述任务，你学到了哪些知识与技能？
实施人员	
任务点评	

【任务清单】参考答案

【点　睛】

在服务行业中，服务人员经常会接到客人的咨询或者预订电话，电话服务处理得是否恰当，都会形成客人的第一印象，影响客人对餐厅、对邮轮的整体印象，还会影响客人的后续消费。所以，规范使用电话礼仪十分重要。

【做中学　学中做】

先由教师对电话礼仪知识进行讲解。然后学生以 3 人为一组，进行分组模拟练习，其中一人作为监督者进行评分。练习的场景主要为餐厅预订、泳池预订、客舱预订和学生自创场景模拟等。小组之间可以交换场景进行演练，每个小组都要把几个场景演练一遍。请表现最为优秀的小组为大家做示范表演，再由教师进行点评。课后每位学生应写出实训报告。

检查拨打、接听电话的要点，找出目前的不足之处，然后制订自己的改进计划，填写表 3-8。

表 3-8　改进计划

通话过程	要点 （符合的情况打"√"，不符合打"×"）	具体改进计划
通话准备	1. 是否准备好记事本和笔。（　） 2. 是否养成随时记录的习惯。（　）	
通话中	1. 情绪是否稳定。（　） 2. 是否微笑着说话。（　） 3. 条理是否清晰。（　） 4. 语言是否简练。（　） 5. 是否使用易懂的语言。（　） 6. 语言是否符合服务规范。（　）	
结束电话	1. 是否让拨入者先挂断电话。（　） 2. 是否轻轻挂断电话。（　）	

知识锦囊

任务 3.6

请扫码查看，并完成任务清单。

思考与练习

扫码查看答案

一、单项选择题

1. 拜访中如果是第一次见面，应主动递上（　），对熟人可握手问候。

A. 名片　B. 鲜花　C. 礼物　D. 打火机

2. 在商务会面礼仪中，与客户初次见面需要介绍的内容包括（　）。

A. 他人、企业、自己　B. 自己、助手、竞争对手

C. 自己、他人、集体　D. 企业法人、自己、集体

3. 在会面礼仪中，介绍其中一方具体人员时遵循的基本原则是（　）。

A、先卑后尊　B. 尊者优先　C. 自男而女　D. 先长后幼

4. 下列不属于握手时禁忌的是（　）。

A. 女士戴薄纱手套　B. 三心二意　C. 只用左手　D. 只用右手

5. 下列不属于名片索取方法的是（　）。

A. 激将法　B. 交易法　C. 联络法　D. 恭维法

6. 使用学衔用于对客人的称谓时，可用（　）。

A. 博士　B. 硕士　C. 学士　D. 研究生

二、多项选择题

1. 名片使用中的三不准是指（　）。

A. 名片不得随意涂改　B. 名片不准提供两个以上的头衔

C. 名片不印多个联系方式　D. 名片不随意乱放

2. 自我介绍应注意（　）。

A. 先介绍再递名片　B. 先递名片再介绍

C. 初次见面介绍不宜超过 2 分钟　D. 先介绍自己，再让对方介绍

3. 商务礼仪的 3A 原则是（　）。

A. 理解对方　B. 接受对方　C. 重视对方　D. 赞美对方

4. 商用名片讲究“三个三”，以下属于这“三个三”内容的有（　）。

A. 商用名片要有三个信息：企业标识、企业全称、部门

B. 商用名片要提供三种个人信息：姓名、行政职务、学术头衔

C. 商用名片的交换三原则是交换索取，双手送上，注视接受

D. 商用名片通常只能提供三种联络方式：企业的详细地址、邮政编码、办公电话。邮箱、传真要酌情给，手机等私人联系方式不要印

5. 以下介绍顺序正确的有（　）。

A. 将男士介绍给女士　　B. 将主人介绍给客人

C. 将地位低者介绍给地位高者　　D. 将年轻人介绍给年长者

三、判断题

1. 在介绍的礼仪中，常常把客人介绍给主人，把地位高的介绍给地位低的。（　）
2. 在欧美一些国家，仍然保持着吻手礼。（　）
3. 在社交场合，由于我是左撇子，因此我可以用左手握手。（　）
4. 就餐中，一位女士不小心把菜汁洒到衣服上时，男服务员迅速用湿毛巾给女士擦干净衣服。（　）
5. 当别人夸奖自己时越谦虚越好。（　）

四、简答题

1. 递接名片时，要注意哪些动作要领？
2. 会面场合与他人握手时，应按照怎样的顺序进行？

项目 4　国际邮轮乘务礼仪

任务 4.1　登船离船服务礼仪

4.1.1　登船及起航服务礼仪

知识目标

掌握登船及起航礼仪规范。

技能目标

1. 能够按照登船及起航礼仪的基本要求，熟练地为客人提供各种服务。
2. 不论忙闲都能使每位客人享受到礼貌的服务。
3. 能够根据不同国家的礼仪接待来自各国的客人。

素质目标

1. 服务人员是邮轮的形象代言人，代表着邮轮公司的形象，通过对登船及起航服务礼仪的学习，提升学生的专业能力。
2. 增强学生的交往能力，提高综合素质。

案例导入

超　　时

2012 年 5 月 23 日，“Discovery”号邮轮抵达德国基尔港，首次以该港口作为始发港。当天预计有将近 1 600 名乘客登船，邮轮按照以往在其他港口的惯例开始了登船工作。可是，直到邮轮预计离港的时间到了，仍然还有一百多名乘客的登船手续没有办完，很多乘客表达强烈不满并进行了投诉。邮轮最后推迟了近半个小时才离港，这导致邮轮公司被港口管理部门罚款，而其他计划要停泊该码头的船舶不能按时进港停泊。乘客对邮轮服务的第一印象也因此非常不好，整个航行都受到了影响。

事后，邮轮管理部门和乘务部门都检讨了这次事故，总结了经验教训。

案例分析：

1. 邮轮工作人员对基尔港的登船大厅环境不够熟悉，同时对整个登船过程中的困难预先估计不足。邮轮是第一次到达该港，邮轮乘务人员没有与港口部门进行有效沟通、理顺各个环节，仍然按照以前在其他港口的运营方式处理，最终导致问题发生。

2. 未开放足够的柜台。由于乘务部门之前安排了少数员工回国休假，造成此次没有足够的人手来开放全部 12 个办理登船手续（check-in）的柜台，直接影响了工作效率。

3. 未能有效维持登船大厅内乘客的秩序。很多稍晚一点到达的乘客反映，进入登船大厅的第一感觉就是整个大厅乱哄哄的，他们没有听到广播指引，也没有服务人员来维持一下秩序。相反，还是个别乘客主动站出来维持乘客排队登船的秩序。

4. 缺乏标志。乘客到了登船大厅后不知道该去哪里办手续，也不清楚该往哪个方向走，从而导致很多乘客跑冤枉路、站错队。

5. 未配备引导人员。很多乘客办完了上一道手续后，虽然柜台服务人员向其说明了下一道手续去哪里办。但是对于乘客来说，整个登船的程序和登船大厅的实地环境都是陌生的，同时，又没有具体的引导人员指引或带领，从而导致整个登船过程相当缓慢。

案例总结：

从这个案例中不难看出，邮轮服务工作不仅仅是微笑和问好，而是存在于邮轮运营的每个环节中。稍有不慎，就会有损邮轮在乘客心中的印象。邮轮服务人员是最先也是最后接触乘客的邮轮工作人员，所以熟练运用服务礼仪开展工作尤为重要。

任务清单

认知登船及起航服务礼仪（表 4-1）

表 4-1　登船及起航服务礼仪

项目名称	任务清单内容
任务情景	小明今天心情很激动，因为作为登船大厅的引导员，他马上就要在邮轮上开始全新的工作了。登船大厅是国际邮轮乘客登上邮轮，办理各种登船手续的场所，是乘客第一次接触邮轮服务人员，并对邮轮以及邮轮服务产生第一印象的地方。 小明在登船及起航服务中应该注意哪些礼仪呢？
任务目标	熟悉并掌握登船及起航服务礼仪，并将之运用到工作中。
任务要求	热情、微笑、主动。
任务思考	乘客从旋梯登船的时候，服务人员需要对老、弱、病、残、孕提供帮助吗？

表 4-1（续）

<table>
<tr><th>项目名称</th><th>任务清单内容</th></tr>
<tr><td>任务实施</td><td>任务：情景模拟登船及起航服务
<table>
<tr><td>训练项目</td><td>登船及起航服务礼仪训练</td></tr>
<tr><td>训练目的</td><td>掌握邮轮登船及起航的礼仪和技巧</td></tr>
<tr><td>训练要求</td><td>严格按照规范要求进行</td></tr>
<tr><td>训练准备</td><td>学生以 6 ～ 8 人为一组，以小组为单位分享登船及起航视频，并总结登船及起航服务礼仪规范，教师进行总结性的归纳。</td></tr>
<tr><td>训练程序</td><td>学生分组进行练习，要求热情、微笑、主动。
教师巡回指导。
一、登船模拟演练
1. 引导客人话术
2. 规范标识话术
3. 耐心解释话术
二、起航视频分享
（以小组为单位分享起航视频）
1. 抛掷彩带
2. 祝酒鸣笛
3. 欢迎晚宴和晚会</td></tr>
</table></td></tr>
<tr><td>任务总结</td><td>通过完成上述任务，你学到了哪些知识与技能？</td></tr>
<tr><td>实施人员</td><td></td></tr>
<tr><td>任务点评</td><td></td></tr>
</table>

【点　睛】

登船大厅有礼仪，井井有条有秩序，快速高效讲效率
标识明显要规范，准确引导到地方，耐心解释服务好
舷梯登船要注意，安全永远是第一，列队欢迎显尊贵
乐队表演烘气氛，起航仪式抛彩带，欢迎晚宴拉序幕

【做中学　学中做】

先由教师对登船及起航服务礼仪知识进行讲解，并进行视频展示。然后学生以 6 ~ 8 人为一组，按照登船及起航服务礼仪规范进行分组模拟练习。要求热情、微笑、主动。

【知识链接】

请扫码查看。

知识链接 4.1.1

知识锦囊

请扫码查看，并完成任务清单。

任务 4.1.1

4.1.2 前厅接待服务礼仪

知识目标

掌握前厅接待服务礼仪规范。

技能目标

能主动、热情、礼貌地接待客人。

素质目标

1. 通过对前厅接待服务礼仪的学习，提升学生的专业能力。
2. 增强学生的交往能力，提高综合素质。

案例导入

让客人感到宾至如归

一位常住的外国客人从饭店外面回来，当他走到服务台时，还没等他开口，饭店工作人员就主动微笑地把钥匙递上，并轻声称呼他的名字。这让外国客人很惊讶，而饭店工作人员的举动，使他产生一种强烈的亲切感，如同回家一样。

还有一位客人在服务台客流高峰时进店，服务人员突然准确地叫出他的名字："xx先生，服务台有您的电话。"这位客人又惊又喜，感觉自己受到了重视，享受到了特殊的待遇。

思考：

这两位客人为什么如此满意?

分析提示：

马斯洛的需要层次理论认为，人们最高的需求是得到社会的尊重。自己的名字为他人所知晓，就是对这种需求的一种很好的满足。

在饭店及其他服务性行业，服务人员主动热情地称呼客人的名字是一种服务的艺术，也是一种艺术的服务。如果服务人员用心记住客人的房号、姓名和特征，凭借敏锐的观察力和良好的记忆力做出细心周到的服务，就会给客人留下深刻的印象。客人今后在不同的场合便可能会提起该饭店服务比较好，成为饭店的义务宣传员。

国内某知名饭店规定：在为客人办理入住登记时至少要称呼客人名字三次；前台员工要熟记VIP客户的名字，尽可能地熟悉他们的资料，争取在他们来店之后报家门之前就唤出他们的名字。这是身为一个合格的服务人员应该具备的最基本的业务能力。

任务清单

认知前厅接待服务礼仪（表 4-2）

表 4-2 前厅接待服务礼仪

项目名称	任务清单内容
任务情景	邮轮服务人员小张今天要在前厅进行服务工作。 前厅是进入船舱后到客舱、餐厅之前的公共区域，也是每位客人抵达、离开邮轮的必经之地。前厅部是十分重要的部门之一，从其所处的位置来看，可以称作邮轮的“门面”或“窗口”，因为前厅部往往能给客人留下第一印象，在某种程度上也体现了邮轮的整体形象。客人对邮轮服务的评价也往往是从前厅部开始的，因为前厅部的服务贯穿于邮轮对客服务的全过程，决定了客人的满意程度。因此，前厅部服务人员在为客人提供服务时一定要做到有“礼”，为邮轮赢得一个好彩头。而服务礼仪又与服务标准密切相关，因此服务人员应熟悉前厅各岗位的服务标准与流程，同时要有强烈的服务意识、细致的观察力、良好的仪态以及亲切规范的服务语言。
任务目标	通过对前厅接待服务礼仪基本要求的介绍和操作技能的训练，学生应能熟练地跟据礼仪规范进行前厅接待工作，并能根据客人的国别随机应变，以礼待人。
任务要求	自备梳子、镜子和发套等用品，为实训做准备。态度认真，积极参与，并把所学的知识落实到实际工作中。
任务思考	前厅接待的顺序应该是怎样的？

表 4-2（续）

项目名称	任务清单内容
任务实施	任务一：递接物品演练 请各小组进行递接物品演示，分别递接文件、签字笔、剪刀和名片。 任务二：前厅服务话术演练 （1）迎客 3 米远时________ 2 米远时________ 询问需求语________ （2）“接一顾二招呼三”话术 ________ （3）递接规范要点总结 ________ 小组递接演练 ________ （4）安排入住 ________
任务总结	通过完成上述任务，你学到了哪些知识与技能？
实施人员	
任务点评	

【点　睛】

前厅接待要学习，迎客热情又大方，接待顺序要注意。

接一顾二招呼三，礼貌用语天天用，递接规范显专业。

前台接待是门面，站坐行蹲举止雅，企业形象第一位。

【做中学　学中做】

先由教师对前厅接待服务礼仪知识进行讲解，并进行视频展示。然后学生以 6~8 人为一组，进行分组模拟练习。练习的场景主要为前台接待、问讯服务。小组之间可以交换场景进行演练，每个小组都要把两个场景演练一遍。最后请表现最为优秀的小组为大家做示范表演，再由教师进行点评。课后每位学生应写出实训报告。

【知识链接】

知识链接 4.1.2

请扫码查看。

知识锦囊

任务 4.1.2

请扫码查看，并完成任务清单。

4.1.3 问讯服务礼仪

知识目标

掌握前台问讯服务礼仪规范。

技能目标

能正确、迅速、主动、热情、耐心地解答客人提出的各种问题。

素质目标

1. 通过对前台问讯服务礼仪的学习，提升学生的专业能力。
2. 增强学生的交往能力，提高综合素质。

案例导入

一个箱子的故事

北京某酒店的前台问讯处，几名年轻的员工正在忙着接待办理入住和离店手续的客人。此时，只见大门口走进两位西装革履的中年人，其中一位提着一个看上去很重的箱子，他们径直走向问讯处。

“您好，有什么需要吗？”刚放下电话的托尼很有礼貌地主动问道。

“有件事情，需要麻烦你……”其中一位戴眼镜的中年人说话有点腼腆，他似乎不知从何说起，稍停顿一下后，目光看向那个箱子。

“我们一定尽力而为，请您说吧。”托尼真心应答道。

“我们是海南某公司的驻京代表。这里是一箱资料，需要尽快交给我公司的总经理，他原定今天下午3点到达你们这里。但是我们下午有事，不能前来迎接他，所以想把箱子先放在酒店，等我们总经理一到，请你们交给他本人。”

“请放心，我们一定办到。”托尼再三保证。

下午3点左右，那家海南公司的总经理还未抵达酒店，托尼便打电话询问机场客服，被告知飞机并没有误点。但因为上午那两位中年人没有留下电话和地址，所以托尼别无选择，只能继续等待下去。大约两个小时过去了，那位总经理仍然没有来，托尼不得不做好交接箱子的准备。

突然，电话铃声响了。

“问讯处吗？今早我们留在前台的那只资料箱本是想交给我们总经理的，但刚才接到总经理的电话，他说被一位住在××酒店的朋友邀请去，决定住在那里了。但那箱资料他要急用……”是那位戴眼镜的先生的声音。

“您不用着急，我会设法把箱子立刻送到××酒店的。”

托尼放下电话后，立刻安排一位员工办理此事。半小时后，那位驻京代表又打来电话，但托尼已经下班了。

“请转达托尼，箱子已经送到，十分感谢。我们的总经理改变主意住到了别的酒店，然而你们不但没有计较，还为我们服务得那么好，真不知该如何表达我们的谢意。总经理说，下回一定住你们酒店。”对方诚恳地说道。

思考：

请你来分析一下，托尼的优质服务都体现在哪些方面？

任务清单

认知问讯服务礼仪（表 4-3）

表 4-3 问讯服务礼仪

项目名称	任务清单内容
任务情景	前台是邮轮的资讯中心，客人有任何问题，首先想到的就是咨询前台。所以前台每天都要进行大量的问讯解答工作。 小丽是邮轮大厅的一名前台接待员，每天都要解答和解决客人的各种问题。今天是小丽的班，她会如何出色地完成任务呢？
任务目标	问讯员需要具备较高的素质、较强的亲和力和沟通能力，能够掌握较丰富的知识和大量的信息，并熟悉邮轮的各项业务，准备好最新的资料以备客人的咨询。
任务要求	正确、迅速、主动、热情、耐心地解答客人提出的各种问题。
任务思考	问讯员的仪表、仪态应该是怎样的？ 问讯员应该如何解答询问？

表 4-3（续）

项目名称	任务清单内容
任务实施	任务：问讯服务话术演练 客人问题： 1. 晕船是否是大问题？ 2. 孩子在邮轮上能玩什么？ 3. 邮轮有哪些联络方式？ 4. 邮轮上需要付小费吗？ 小丽回答： 1. ______________________ 2. ______________________ 3. ______________________ 4. ______________________
任务总结	通过完成上述任务，你学到了哪些知识与技能？
实施人员	
任务点评	

【点　睛】

问讯礼仪要知道，形象大方又端庄，举止文明又优雅。

回答问讯要耐心，有问必答答正确，百问不厌也不烦。

接一顾二招呼三，首问负责制原则，温暖他人照亮己。

【做中学　学中做】

请归纳总结问讯服务礼仪，填写表 4-4。

表 4-4　总结问讯服务礼仪

操作标准	基本要求

知识锦囊

请扫码查看，并完成任务清单。　任务 4.1.3

4.1.4 收银服务礼仪

知识目标

掌握收银服务礼仪的规范及服务程序。

技能目标

能熟练、正确、迅速、严谨、礼貌地进行收银服务。

素质目标

1. 通过对收银服务礼仪的学习，提升学生的专业能力。
2. 增强学生的交往能力，提高综合素质。

案例导入

收银台前的一幕

某一年的 5 月 1 日上午，某购物广场迎来了客流高峰期。一位顾客推着一车物品在收银台前排队结账。当商品条码扫描到一半时，收银台前来了两位营运部门的课长。这两位课长跟收银员说了几句话后，收银员立即放下已经扫描了一半的商品，开始和那两人核对起清单。

顾客看在眼里，但是没说什么，只是安静等待。然而 5 分钟过去了，他们的核对仍没有结束。顾客还是没说什么。10 分钟过去了，核对居然还是没有完成。顾客与家人无奈地交换着表情。

15 分钟后，顾客实在忍无可忍地发火了："你们有完没完，能不能先把我的东西结完账再说？"顾客边说边向其他等待结账的顾客说："连个招呼都没有，就把我们晾到一边儿去了！"其他顾客连连点头表示赞同。

那三个人这才结束了核对，收银员又继续开始工作，但是自始至终没有一个人对该顾客说一句"对不起"。顾客不满意地离开了。

思考：

如果你是收银员，你会怎么做？

分析提示：

1. 顾客结账过程中，为了确保收银员结算的准确及高效，任何人不得随意打扰其正常工作，特别是在购物高峰期。

2. 作为收银员，不得在为顾客结算到一半时转身去做其他的事，应该确保收银工作的万无一失。

3. 即使有意外或紧急事情需要处理，也应事先跟顾客打招呼并征得顾客同意后方可进行，时间不能超过 3 分钟，处理完事情必须立刻向顾客致歉。

任务清单

认知收银服务礼仪（表 4-5）

表 4-5　收银服务礼仪

项目名称	任务清单内容
任务情景	邮轮上的任何消费，除了在赌场娱乐外，一律以邮轮 ID 卡记账，通常不可以用现金交易，要等到航程结束前一晚或当天清晨才能结算总账。因此，客人可以在登船时以信用卡登记，以此作为全程消费方式，最后只需查看账单无误即可，而且可以避免排长队等候的结账之苦。所以建议客人在上船前或在服务台将邮轮 ID 卡绑定信用卡，这样直接刷卡就可以下船了。 服务人员小丽今天是第一次做收银员。那么，收银服务的标准流程是什么？
任务目标	能够熟练地进行收银工作。
任务要求	正确、迅速、严谨、礼貌地进行收银服务训练。
任务思考	收银员为什么要讲究收银服务礼仪？

表 4-5（续）

项目名称	任务清单内容
任务实施	任务：收银服务话术演练 1. 问候迎接 收银员："您好！欢迎光临。请问有什么需要帮忙的？""好的，请您稍等。" 客人：________________ 2. 核对工作 收银员：________________ 客人：________________ 3. 结款环节 收银员：________________ 客人：________________ 4. 感谢光顾 收银员：________________ 客人：________________
任务总结	通过完成上述任务，你学到了哪些知识与技能？
实施人员	
任务点评	

【点　睛】

收银也要讲礼仪，起立站姿来问候。
您好！欢迎光临，请问需要帮助吗？
核对身份和账单，先生，这是账单。
结账环节要仔细，唱收唱付讲清楚。
手势礼仪请签字，先生请在这签字。
递接物品要规范，双手递接为大礼 。
站姿起立来送客，感谢惠顾祝好运。

【做中学　学中做】

请归纳总结收银服务礼仪，填写表 4-6。

4-6　总结收银服务礼仪

操作标准	基本要求

知识锦囊

请扫码查看，并完成任务清单。

任务 4.1.4

4.1.5　总机服务礼仪

知识目标

掌握总机服务礼仪的基本要求及注意事项。

技能目标

能熟练运用总机服务礼仪进行服务。

素质目标

1. 通过对总机服务礼仪的学习，提升学生的专业能力。
2. 增强学生的交往能力，提高综合素质。

案例导入

谁是张强

某日，一位总机服务人员接到一通电话，对方说手机忘在房间里了，这名客人自称是张强。服务人员因为是新来的，就说："我不知道你啊！"客人听后很不高兴。

思考：

服务人员应该如何回答客人的话?

分析提示：

1. 总机服务人员应该熟悉酒店的一切业务，对酒店常住客人更应该了如指掌。

2. 如果总机服务人员不了解具体情况，一定要先说"对不起"，并向客人解释自己是新来的员工，然后让老员工接电话处理这件事。

任务清单

认知总机服务礼仪（表 4-7）

表 4-7　总机服务礼仪

项目名称	任务清单内容
任务情景	邮轮电话总机服务员麦克进行服务工作。 电话总机是邮轮信息沟通联络的通信枢纽。邮轮的电话总机服务由前台负责，服务人员每天要处理成千上万个电话业务。在日常服务中，前台虽然不曾与客人直接面对面，但大多数客人却是通过声音的传播留下对邮轮的第一印象。服务人员要热情、快捷、高效地对客服务，要求音质甜美、圆润、悦耳，讲话时吐字清晰、发音准确、口齿伶俐，能有意识地控制音量和讲话速度，责任感强、热爱本职工作、业务熟练、记忆力较强、有耐心，能较为熟练地掌握一至两门外语，严守话务秘密等。总之要为邮轮树立良好的电话服务形象。
任务目标	通过对总机服务礼仪知识基本要求的介绍和操作技能的训练，学生应能熟练地根据礼仪规范为客人提供电话服务，并能根据具体情况进行有针对性的服务。
任务要求	正确、迅速、热情、高效、熟练地进行总机服务训练。 礼貌、规范用语常用不离口；态度要诚恳；语言要简练明了，服务要有耐心。
任务思考	拨打电话前应该做哪些准备？ 接听电话时有哪些礼仪规范？ 接到打错的电话应该怎么处理？ 拨打电话时有哪些礼仪规范？

表 4-7（续）

项目名称	任务清单内容
任务实施	任务：总机电话服务话术演练 刚上岗 3 天的总机话务员麦克接到 2008 号房周先生的电话，要求其转接酒店总经理。麦克一下子不知道该如何回答了——这种情况麦克如果处理不好，可能既得罪了客人，又影响了总经理的正常工作。如果你面对这样的情况，又该怎样处理呢？ 如何回答：____________________ 服务细节：____________________
任务总结	通过完成上述任务，你学到了哪些知识与技能？
实施人员	
任务点评	

【点　睛】

电话总机是枢纽，邮轮形象全担当。

接起就是问候语，礼貌用语天天用。

微笑声音来通话，吐字清晰很重要。

长久接起说道歉，让人等候请稍等。

通话当中认真听，重要事情要记录。

转接电话要传达，打错电话礼貌回。

请问还需帮助吗，感谢来电说再见。

尊者先挂我才挂，轻轻挂断才正确。

【做中学　学中做】

先由教师对总机服务礼仪知识进行讲解，并进行视频展示。然后学生以两人为一组，进行分组模拟练习。练习的场景主要为总机主叫、被叫电话服务。每个小组成员之间可以交换场景进行演练，每一位同学都要把两个场景演练一遍，小组成员自由组织通话内容。最后请出表现最为优秀的小组为大家做示范表演，再由教师进行点评。课后每位学生应写出实训报告。

请归纳总结总机服务礼仪，填写表 4-8。

表 4-8　总结总机服务礼仪

操作标准	基本要求

知识锦囊

请扫码查看，并完成任务清单。任务 4.1.5

4.1.6 离船送别服务礼仪

知识目标

掌握离船送别服务礼仪的基本要求及注意事项。

技能目标

能熟练运用离船送别服务礼仪进行服务。

素质目标

1. 通过对离船送别服务礼仪的学习，提升学生的专业能力。
2. 增强学生的交往能力，提高综合素质。

案例导入

结　账

一个深秋的晚上，三位客人在南方某城市一家饭店的中餐厅用餐。他们在此已坐了两个多小时，仍没有去意。服务员心里很着急，到他们身边徘徊了好几次，想催他们赶快结账，但一直没有说出口。最后，她终于忍不住对客人说："先生，能不能赶快结账呢？你们如果想继续聊天请到酒吧或咖啡厅。"

"什么？你想赶我们走？我们现在还不想结账呢！"一位客人听了她的话后非常生气，表示不愿离开。另一位客人看了看表，连忙劝同伴马上结账。那位生气的客人没好气地让服务员把账单拿过来。看过账单，他指出有一道菜没点过，但却算进了账单，请服务员去更正。这位服务员忙回答客人，账单肯定没错，菜已经上过了。几位客人却辩解说没有要这道菜。服务员又仔细回忆了一下，觉得可能是自己错了，忙到收银员那里去改账。

当她把改过的账单交给客人后，客人对她说："餐费我可以付，但你的服务态度却让我们不能接受。请你马上把餐厅经理叫过来。"这位服务员听了客人的话后感到非常委屈。其实，她在客人点菜和进餐的服务过程中并没有什么过错，只是想催客人早一点结账。

"先生，如果我在服务中有什么过错的话，我向你们道歉，但还是不要找我们经理了。"服务员恳求道。"不行！我们就是要找你们经理。"客人并不妥协。

服务员见事情无可挽回，只好将餐厅经理找来。客人告诉经理，他们对服务员催促他们结账的做法很生气。另外，服务员结账的时候把钱算多了，这些都说明服务员的态度有问题。"这些确实是我们工作上的失误，我向大家表示歉意。几位先生愿意什么时候结账都行，结完账也欢迎你们继续在这里休息。"经理边说边让那位服务员赶快给客人倒茶。

在经理和服务员的一再道歉下，客人们终于不再说什么了，他们付了钱，仍面含余怒地离去了。

思考：

为什么客人面含余怒地离去了？

分析提示：

送客是礼仪服务的重要一环，能够显示出餐饮部门对客人的尊重、关心、欢迎和爱护，在星级饭店的餐饮服务中是不可或缺的服务项目。在送客过程中，服务人员应做到礼貌、耐心、细致、周全，使客人满意。其要点如下：

1. 客人不想离开时绝不能催促，也不要做出催促客人离开的错误举动；

2. 客人离开前，如愿意将剩余的食品打包带走，应积极为之服务，绝不要轻视他们，不要给客人留下遗憾；

3. 客人起身离开时，应主动为其拉开座椅，礼貌地询问他们是否满意；

4. 要帮助客人穿戴外衣、提东西，提醒他们不要遗忘物品；

5. 要礼貌地向客人道谢，欢迎他们再来；

6. 要面带微笑地注视客人离开，或亲自陪送客人到餐厅门口；

7. 领位员应礼貌地送客，并欢迎他们再来；

8. 如遇特殊天气，餐厅应有专人安排客人离店，如服务人员亲自将客人送到饭店门口，下雨时为没带雨具的客人打伞，扶老携幼、帮助客人叫出租车等，直至客人安全离开；

9. 对大型餐饮活动的欢送要隆重、热烈，服务员应穿戴规范，列队欢送，使客人真正感受到服务人员的真诚和温暖。

任务清单

认知离船送别服务礼仪（表 4-9）

表 4-9　离船送别服务礼仪

项目名称	任务清单内容
任务情景	服务人员小李即将送别乘客，他该如何做呢？ 在邮轮航程结束时，乘客离船前的各项乘务工作非常重要。这是乘客对邮轮最终印象形成的时候，在心理学上叫作“末轮效应”。做服务工作要善始善终，始终如一。
任务目标	掌握并熟练运用离船及送别服务礼仪到工作中。
任务要求	热情、微笑、主动、始终如一、耐心服务。
任务思考	你知道服务当中的“首轮效应”和“末轮效应”吗？

表 4-9（续）

<table>
<tr><th>项目名称</th><th>任务清单内容</th></tr>
<tr><td>任务实施</td><td>
任务一：情景模拟证件返还
<table>
<tr><td>训练项目</td><td>证件返还服务礼仪训练</td></tr>
<tr><td>训练目的</td><td>掌握邮轮通关事务部员工返还乘客旅行证件的礼仪和技巧</td></tr>
<tr><td>训练要求</td><td>仔细、主动、微笑、热情、耐心，严格按照规范要求进行</td></tr>
<tr><td>训练准备</td><td>护照、证件箱、柜台、登船卡、电脑</td></tr>
<tr><td>训练程序</td><td>（1）主动向前来领取证件的乘客微笑问好。
（2）礼貌地请乘客出示登船卡。
（3）礼貌地请乘客稍等，将登船卡在电脑上刷卡检查账务是否结清。
（4）转身从身后的证件箱中找出乘客的证件。
（5）对乘客的等待表示感谢，并将证件首页打开，面对乘客，请其核对。
（6）将证件盖过验讫章的页面展示给乘客过目，并解释清楚。
（7）一切无误后，将证件和登船卡交还乘客，并祝乘客归途愉快，希望下次再见。</td></tr>
</table>
任务二：情景模拟离船送别
<table>
<tr><td>训练项目</td><td>离船送别服务礼仪训练</td></tr>
<tr><td>训练目的</td><td>掌握送客服务礼仪，令乘客满意而归</td></tr>
<tr><td>训练要求</td><td>仔细、主动、微笑、热情、耐心，严格按照规范要求进行</td></tr>
<tr><td>训练准备</td><td>护照、证件箱、柜台、登船卡、电脑</td></tr>
<tr><td>训练程序</td><td>（1）证件返还模拟。
（2）离船行李提送模拟。
（3）热情欢送，向客人致谢，热情道别。</td></tr>
</table>
</td></tr>
<tr><td>任务总结</td><td></td></tr>
<tr><td>实施人员</td><td></td></tr>
<tr><td>任务点评</td><td></td></tr>
</table>

【点 睛】

离船送别礼，证件返还前，先查结账否，双手正面递，证件要正确。

欢送仪式时，美好加祝福，有序下船去，挥手作告别，美好留心中。

【做中学 学中做】

请归纳总结离船送别服务礼仪，填写表 4-10。

表 4-10 总结离船送别服务礼仪

操作标准	基本要求

【知识链接】

请扫码查看。

知识链接 4.1.6

知识锦囊

请扫码查看，并完成任务清单。

任务 4.1.6

任务 4.2　国际邮轮餐厅服务礼仪

4.2.1　主餐厅服务礼仪

知识目标

1. 掌握主餐厅服务人员的对客接待服务程序。
2. 掌握主餐厅服务人员的对客服务礼仪规范。

技能目标

1. 掌握主餐厅服务人员的餐前、餐间、餐后服务礼仪规范。
2. 能够熟练掌握基本礼仪知识和技能并运用到工作中。
3. 能够在完成各项服务工作时让客人体会到服务人员的敬意和热情。

素质目标

1. 具备良好的沟通能力和跨文化交流能力。
2. 具备处理突发事件的能力。
3. 具备良好的身体与心理素质。
4. 通过主餐厅服务礼仪的学习，提升学生的专业服务能力，增强交往能力，提高综合素质。

案例导入

热情的小伙子

一行客人于餐桌前就座后，一位年轻的服务人员随即上前打招呼，他指着自己和跟在他身后的黑人小伙子说："女士们、先生们，我是本桌的服务员，今后七天将由我为各位提供服务。这是我的助手。"然后他为每位女士拉出椅子，安排落座后，开始做自我介绍："各位，我是马来西亚人。可我是不是比那边那位纯种马来西亚小伙子更帅些？那是因为我的爷爷是中国人哦！"他的手在发际间假装做着梳理的动作，表现出很"酷"的样子，把大家都逗笑了。

暂且不去考证他说的是否属实，然而就"我爷爷是中国人"以及"哦"的这一下，让大家感到心中热乎乎的，很熨帖——好一个机灵、专业的服务人员，懂得如何和客人拉近距离。

不一会儿，他就和大家熟稔了，跑前跑后地为客人点菜。什么是最昂贵的，什么是最可口的，什么是阿拉斯加特产其他地方不易寻觅的……根据各人的喜好，他很贴心地为每个人出谋划策。开胃菜、正餐、餐后甜点，真的非常正规。一位客人自述有糖尿病，小伙告知有低糖的和无糖的两种可以选择。"是吗？"客人有些吃惊。"我们会照顾到每一位客人的特殊需求，无论你希望素食、无糖、低钠或低脂，我们都能为您提供！"这就是给客人大大的惊喜了！

思考：

餐厅服务人员应如何与客人拉近距离，提供个性化服务？

案例分析：

故事中的小伙子懂得用幽默做润滑剂，拉近和客人的距离，容易让客人产生亲切温馨的感觉。同时，小伙子懂得满足客人的需求，根据各人的喜好，很贴心地为每个人服务。

服务有技巧，千锤加百炼；服务无技巧，贵在有心人。这才是服务的最高境界。

任务清单

认知主餐厅服务礼仪（表 4-11）

表 4-11 主餐厅服务礼仪

项目名称	任务清单内容
任务情景	现代邮轮是指海洋上定线、定期航行的大型客运轮船，它的功能不局限于运送客人，而是和旅游紧密结合。众所周知，旅游包括“食、住、行、游、购、娱”六大要素，从这个意义上说，现代邮轮不仅扮演着“行”的角色，而且能够满足客人“食、住、游、购、娱”五个方面的全部需求。 旅游活动的“食”这一要素，不是简单地满足客人的生理需求，还要让客人品尝到不同地方的特色美食、风味小吃等。同样在邮轮上，也不是简单满足客人的一日多餐，单就提供餐饮的场所来说，就有主餐厅、特色餐厅、快餐厅、自助餐厅、酒吧、咖啡厅等多种餐饮场所，同时还提供客舱送餐服务。 邮轮上的主餐厅（宴会餐厅）是指能够同时容纳较多客人的规模较大的餐厅，一般只在晚餐时段开放，时间段是 17：30 到 21：30。主餐厅主要是为客人提供固定的餐位的一种宴会餐厅。如果客人人数过多，则会分时就餐，比如将客人分成两批，分别在 18:00 或 20:00 进餐。主餐厅也为客人提供点餐服务，以西餐菜品为主，每餐为客人提供一定品种的菜式，按照西餐方式服务，餐费及服务费用包含在船票价格中。
任务目标	掌握主餐厅服务人员的对客接待服务程序及礼仪规范。
任务要求	1. 掌握主餐厅餐前、餐间、餐后服务礼仪规范。 2. 能够熟练掌握基本礼仪知识和技能并运用到实际工作中。
任务思考	餐前、餐中、餐后分别有哪些礼仪要求？

表 4-11（续 1）

项目名称	任务清单内容
任务实施	一、餐前服务礼仪

任务一：请你来处理（1）

发布任务	在用餐的高峰时段，经常会出现客人等位的情况，而这时餐厅又来了四位客人。 请问：你该怎样用规范的迎接礼仪进行接待呢？ 温馨提示：怎样留住客人，要注意哪些细节？（如安排休息、服务茶水、提前点餐等）
如何服务	
细　　节	
评　　价	

任务二：请你来处理（2）

发布任务	有四位客人一起走入餐厅，其中有两位女士，非常时尚耀眼，另两位男士也是西装革履、衣着新潮。 请问：你该如何为这四位客人提供满意的服务呢？在服务中需要注意哪些礼仪细节？
如何服务	
细　　节	
评　　价	

任务三：情景模拟餐前服务

训练项目	餐前服务礼仪训练
训练目的	模拟练习中餐迎宾与送客礼仪，看看你能否使客人高兴而来、满意而归。
礼仪要求	情景一：客人来餐厅用餐，领位员微笑迎客，引领就座，呈递菜单。 情景二：客人用餐完毕，离开餐厅，领位员礼送客人。
训练程序	（1）小组人员分配：迎宾员 1 名，用餐客人 4 名（3 男 1 女）。 （2）各小组模拟迎宾和送客的过程。 （2）由教师带领的点评小组进行评价。
思　　考	中餐和西餐在餐前服务上有什么不同？

表 4-11（续 2）

<table>
<tr><th>项目名称</th><th>任务清单内容</th></tr>
<tr><td>任务实施</td><td>
二、餐中服务礼仪
任务一：请你来处理（1）
<table>
<tr><td>发布任务</td><td>罗尼正在服务区忙碌时，又来了两桌客人。罗尼分别问候、安排座位、上好茶后，给其中的一桌客人拿了菜单并等候点餐。这时，另外一桌的客人大声说："我们比他们来得早，为什么不给我们菜单，不先给我们点菜？"现场气氛一下子紧张起来。
请问：罗尼的做法对不对？如果你是罗尼，应该怎样做？</td></tr>
<tr><td>如何服务</td><td></td></tr>
<tr><td>细　　节</td><td></td></tr>
<tr><td>评　　价</td><td></td></tr>
</table>
任务二：请你来处理（2）
<table>
<tr><td>发布任务</td><td>1. 罗尼在接待一对年轻的情侣，由于他们是初次乘邮轮旅游，对于邮轮餐厅的菜式不是很了解，就请罗尼帮助点菜。
请问：如果你是罗尼，该怎样为他们点菜？
2. 罗尼正在接待一个聚会的五口之家。
请问：你知道罗尼在推介菜肴时应该注意哪些问题吗？推介酒水饮料时要先从哪位开始，怎样顺利地为一家人全部推荐成功呢？</td></tr>
<tr><td>如何服务</td><td></td></tr>
<tr><td>细　　节</td><td></td></tr>
<tr><td>评　　价</td><td></td></tr>
</table>
任务三：请你来处理（3）
<table>
<tr><td>发布任务</td><td>当客人觉得上菜速度太慢，向你发牢骚时，你该如何处理？</td></tr>
<tr><td>如何服务</td><td></td></tr>
<tr><td>细　　节</td><td></td></tr>
<tr><td>评　　价</td><td></td></tr>
</table>
</td></tr>
</table>

表 4-11（续 3）

<table>
<tr><th>项目名称</th><th>任务清单内容</th></tr>
<tr><td>任务实施</td><td>
任务四：情景模拟开餐服务
<table>
<tr><td>训练项目</td><td>开餐服务礼仪训练</td></tr>
<tr><td>训练目的</td><td>请学生分组扮演客人和值台服务人员，通过训练，学生要能掌握递送茶水、香巾、餐巾和点菜等开餐服务礼仪的要点，并能灵活运用，形成初步的职业能力。</td></tr>
<tr><td>礼仪要求</td><td>站位合理，服务适度，手法规范，操作卫生，时机得当。</td></tr>
<tr><td>训练程序</td><td>（1）分小组讨论，设计情景。
（2）写出模拟对话过程。
（3）两组学生互换角色，轮流表演。
（4）学生点评，教师指导。</td></tr>
<tr><td>思　　考</td><td>中餐和西餐在开餐服务上有什么不同？</td></tr>
</table>
任务五：情景模拟为客人调整餐具
<table>
<tr><td>训练项目</td><td>为客人调整餐具礼仪训练</td></tr>
<tr><td>训练目的</td><td>请学生分组演练客人和服务人员。要求根据上菜顺序，正确调整餐具。</td></tr>
<tr><td>礼仪要求</td><td>操作规范有序，轻拿轻放。</td></tr>
<tr><td>训练程序</td><td>（1）确定客人菜单顺序。
（2）调整餐具。
（3）补充餐具。
（4）操作时不可将身体贴在桌边或客人身上。</td></tr>
<tr><td>思　　考</td><td>中餐和西餐在调整餐具上有什么不同？</td></tr>
</table>
三、餐后服务礼仪
任务一：请你来处理
<table>
<tr><td>发布任务</td><td>24 号台的客人用完餐后就直接走出了餐厅，正在服务的罗尼意识到客人还没有结账，赶紧追出去，拦住客人。
请问：罗尼的做法是否正确？如果你是罗尼，该如何运用语言的技巧解决这一问题呢？
温馨提示：不能使客人难堪，也不能让客人反感。</td></tr>
<tr><td>如何服务</td><td></td></tr>
<tr><td>细　　节</td><td></td></tr>
<tr><td>评　　价</td><td></td></tr>
</table>
</td></tr>
</table>

表 4-11（续 4）

<table>
<tr><th>项目名称</th><th>任务清单内容</th></tr>
<tr><td>任务实施</td><td>任务二：情景模拟结账服务
<table><tr><td>训练项目</td><td>结账服务礼仪训练</td></tr><tr><td>训练目的</td><td>请学生分别扮演用餐客人和值台服务人员，通过结账场景的模拟训练，掌握结账服务礼仪要点，语言运用准确、得体。</td></tr><tr><td>礼仪要求</td><td>账单正确，呈递到位；时机适宜，当面点验。</td></tr><tr><td>训练程序</td><td>（1）分小组讨论，设计情景。
（2）写出模拟对话过程。
（3）两组学生互换角色，轮流表演。
（4）学生点评，教师指导。</td></tr></table></td></tr>
<tr><td>任务总结</td><td>通过完成上述任务，你学到了哪些知识与技能？</td></tr>
<tr><td>实施人员</td><td></td></tr>
<tr><td>任务点评</td><td></td></tr>
</table>

【点　睛】

客到主动迎，态度要热情。开口问您好，脸上挂笑容。
面部表情真，引客在前行。落座先拉椅，眼注客表情。
热茶奉上后，菜单紧跟行。酸甜苦辣咸，口味各不同。
荤素要搭配，冷热要分明。下单要清楚，桌号位数清。
酒水要明确，开瓶手要轻。菜名报得准，上菜分得清。
分菜从右起，分量要适中。汤菜上齐后，对客要讲明。
客人谈公务，回避要主动。用餐结束后，账目要结清。
盘中有余餐，打包问一声。买单完毕后，虚心意见征。
客人起身走，衣物递上行。送客要行礼，道谢要先行。

【做中学　学中做】

请归纳总结主餐厅服务礼仪，填写表 4-12。

表 4-12　总结主餐厅服务礼仪

操作标准	基本要求

【知识链接】

请扫码查看。

知识链接 4.2.1

知识锦囊

请扫码查看，并完成任务清单。

任务 4.2.1

4.2.2 自助餐厅服务礼仪

知识目标

1. 掌握自助餐厅服务人员的对客接待服务程序。
2. 掌握自助餐厅服务人员的对客服务礼仪规范。

技能目标

1. 掌握自助餐厅服务人员的餐前和餐间服务礼仪规范。
2. 能够熟练掌握基本礼仪知识和技能并运用到工作中。
3. 能够在完成各项服务工作时让客人体会到服务人员的敬意和热情。

素质目标

1. 具备良好的沟通能力和跨文化交流能力。
2. 具备处理突发事件的能力。
3. 具备良好的身体与心理素质。
4. 通过自助餐厅服务礼仪的学习，提升学生的专业服务能力，增强交往能力，提高综合素质。

案例导入

自助餐厅的香蕉

有位独行的美国客人，他个性孤僻，不苟言笑。客人在酒店住了一周，几乎从不开口，不跟别人打招呼，更没有让人看到他的一丝微笑。楼层服务员觉得这位客人极难伺候，任凭他们如何笑脸相待、主动招呼，得到的总是一张铁板似的脸。

每天早上，客人都会去自助餐厅吃早饭。当他吃完自己挑选的食品之后，便开始在餐台上寻找什么东西，一连三天都是如此。第一天，服务员小梅曾问他要什么东西，他没吭一声，掉头便走出餐厅。第二天，小梅又壮起胆询问他，他还是一张冷峻的脸，小梅尴尬得双颊发红。但是当这位客人正要步出餐厅时，小梅再一次微笑地问他是否需要帮助，也许是小梅的诚意感动了他，他终于吐出“香蕉”一词，这下小梅明白了。

第三天早上，那位沉默寡言的客人同平时一样又来到自助餐厅，餐台上一盘黄澄澄的香蕉吸引了他的注意力，他紧绷的脸上第一次有了一丝微笑。站在一旁的小梅也喜上眉梢，她领悟到“精诚所至金石为开”的道理。在接下来的几天里，每天早餐小梅都特地为他准备了香蕉。几个月后，这位客人又来到该酒店。次日早上，他步入自助餐厅，原以为这次突然“袭击”，餐厅一定没有准备好香蕉。孰料走进餐厅，迎面就是引人注目的一大盘香蕉。这位金口难开的客人见到小梅，第一次主动询问是不是特意为他准备的香蕉。小梅嫣然一笑，告诉他，昨晚总台服务已经给餐厅带来了他入住本店的信息。

“太感谢你们了！”客人几个月来第一次向酒店表示了发自内心的感谢。

案例分析：

1. 常言说得好，“于细微处见精神”“精诚所至金石为开”。酒店服务人员面对来自天南地北，性格、文化、风俗习惯都不同的客人，细心观察每位客人的言行举止，摸准其心思，采取灵活机动的服务技巧，为客人提供具有针对性的个性服务，这是非常重要的。

2. 自助餐厅准备一些香蕉，这不是一件难事，重要的是去探索客人的心理，了解他们的需求。这位美国客人对香蕉情有独钟的信息不仅餐厅知道，连总台都掌握了，可见酒店极为重视每位客人的特殊需求。此外，该酒店的信息传递渠道畅通，前厅、客房、餐厅共享顾客的相关信息。晚上客人刚到达，第二天早上餐厅已经有了充分的准备，由此可见对客人的重视。

任务清单

认知自助餐厅服务礼仪（表 4-13）

表 4-13　自助餐厅服务礼仪

项目名称	任务清单内容
任务情景	邮轮上的自助餐厅是最受客人欢迎的餐厅之一。自助餐厅提供了各式各样的食品和饮料，自助取用，非常方便。自助餐厅早、午、晚餐都有食物供应，餐费包含在船票价格中。 比如皇家加勒比邮轮公司的“海洋水手”号邮轮，其自助餐厅为客人准备了新鲜水果、精致甜品、各色沙拉、现做主菜等多种美食，新鲜而丰盛。客人可以选择一个靠窗的座位，边欣赏海景边品尝美食。 在自助餐厅一定要注意进餐的基本礼仪，食物可以多次取用，但每次一定要少取，不要浪费食品。
任务目标	掌握自助餐厅服务人员的对客接待服务程序及礼仪规范。
任务要求	1. 掌握自助餐厅餐前、餐间、餐后服务礼仪规范。 2. 能够熟练掌握基本礼仪知识和技能并运用到实际工作中。
任务思考	自助餐厅和主餐厅的服务有什么区别？

表 4-13（续）

项目名称	任务清单内容
任务实施	任务：情景模拟自助餐厅服务
任务总结	通过完成上述任务，你学到了哪些知识与技能？
实施人员	
任务点评	

【点　睛】

本节课主要学习自助餐厅服务礼仪的基本内容及要求，自助餐厅服务包括餐前服务、餐中服务、餐后服务三项内容。餐前服务要细心准备，餐中服务要耐心服务，餐后服务要留心迎送。

【做中学　学中做】

请归纳总结自助餐厅服务礼仪，填写表 4-14。

表 4-14　总结自助餐厅服务礼仪

操作标准	基本要求

【知识链接】

请扫码查看。

知识链接 4.2.2

知识锦囊

请扫码查看，并完成任务清单。

任务 4.2.2

4.2.3 酒吧服务礼仪

知识目标

1. 掌握酒吧服务人员的对客接待服务程序。
2. 掌握酒吧服务人员的对客服务礼仪规范。

技能目标

1. 掌握酒吧服务人员的对客服务礼仪规范。
2. 能够熟练掌握基本礼仪知识和技能并运用到工作中。

素质目标

1. 具备良好的沟通能力和跨文化交流能力。
2. 具备处理突发事件的能力。
3. 具备良好的身体与心理素质。
4. 通过酒吧服务礼仪的学习，提升学生的专业服务能力，增强交往能力，提高综合素质。

案例导入

被忽略的客人

某日中午，一位住店客人下了客梯便直奔酒吧。此时，酒吧里没有其他客人，吧台只有一名服务员，不巧的是服务员正握着话筒和别人通电话。于是，客人只得耐心地站在一旁等候。时间一分一秒地过去了，仍不见服务员有结束通话的迹象，客人的脸上渐渐露出了不满的神情，但他并未说什么，只是用手里的钥匙在台子上不轻不重地敲了几下。这时，服务员似乎刚醒悟过来，忙搁下电话，接待客人。但是，此时客人已经面露不悦，准备离去了。

过了几天，这位服务员收到了来自饭店方面的投诉处理和警告。

思考：

1. 在这个案例中，为什么这位服务员会收到投诉和警告？
2. 客人在遇到类似服务的时候，通常会产生怎样的情绪变化？
3. 我们有哪些好的方法避免类似事件再度发生？

任务清单

认知酒吧服务礼仪（表 4-15）

表 4-15　酒吧服务礼仪

项目名称	任务清单内容
任务情景	邮轮的酒吧一般分为主酒吧、鸡尾酒廊和主题酒吧。酒吧调酒器种类齐全，视听设备完善，还有不同风格的乐队表演和全套调酒表演。 酒吧服务人员应有较强的交际能力和广博的礼仪知识，通晓各国风俗，提供特色服务，为酒吧营造浪漫优雅的氛围。 酒吧服务礼仪规范体现在迎宾服务，为客人点酒、调酒、送酒、验酒、开瓶、斟酒服务，以及结账服务等服务程序中。
任务目标	掌握酒吧服务人员的对客接待服务程序及礼仪规范。
任务要求	熟练、准确、优雅地进行服务。
任务思考	调酒师应该掌握哪些服务礼仪呢？

表 4-15（续）

<table>
<tr><th>项目名称</th><th>任务清单内容</th></tr>
<tr><td>任务实施</td><td>
任务一：情景模拟酒水服务
<table>
<tr><td>训练项目</td><td>酒水服务礼仪训练</td></tr>
<tr><td>训练目的</td><td>请学生分组扮演客人和值台服务人员，通过训练掌握酒水服务礼仪，并能灵活运用，初步形成职业能力。</td></tr>
<tr><td>礼仪要求</td><td>站位合理，服务适度，手法规范，操作卫生，时机得当。</td></tr>
<tr><td>训练程序</td><td>（1）分小组讨论，设计情景。
（2）写出模拟对话过程。
（3）两组学生互换角色，轮流表演。
（4）学生点评，教师指导。</td></tr>
</table>
任务二：请你来处理（1）
<table>
<tr><td>发布任务</td><td>（1）为某国家大使夫妇及嘉宾夫妇进行酒水服务，请你确认斟酒顺序。
（2）大使夫人在用餐的时候，不小心把红酒洒到了漂亮的西服裙上面。</td></tr>
<tr><td>如何服务</td><td></td></tr>
<tr><td>细节</td><td></td></tr>
<tr><td>评价</td><td></td></tr>
</table>
任务三：请你来处理（2）
<table>
<tr><td>发布任务</td><td>咖啡馆是客人的重要活动场所，咖啡馆服务员要耐心细致地服务，尽可能满足客人的不同需求，不可有任何不友好的行为。如果你是咖啡馆服务员，面对下面这些客人，该如何进行礼仪服务？
（1）桌子上开着电脑，衣服搭在椅背上的客人。
（2）急匆匆地进来，说话很快，边点早餐边看表的客人。</td></tr>
<tr><td>如何服务</td><td></td></tr>
<tr><td>细节</td><td></td></tr>
<tr><td>评价</td><td></td></tr>
</table>
</td></tr>
<tr><td>任务总结</td><td>通过完成上述任务，你学到了哪些知识与技能？</td></tr>
<tr><td>实施人员</td><td></td></tr>
<tr><td>任务点评</td><td></td></tr>
</table>

【点　睛】

今天学习了酒吧服务人员对客接待服务的九个程序：迎宾—点酒—取酒—调酒—验酒—开酒—斟酒—结账—送客，以及每个程序中的服务礼仪规范，熟能生巧要多加练习。

【做中学　学中做】

分小组练习斟酒服务礼仪，要求熟练、准确、优雅。小组练习完毕，进行斟酒演示比赛，教师和同学评分，选出优胜小组。

【知识链接】

知识链接 4.2.3

请扫码查看。

知识锦囊

任务 4.2.3

请扫码查看，并完成任务清单。

任务 4.3 国际邮轮客舱服务礼仪

4.3.1 客舱对客服务礼仪

知识目标

掌握客舱对客服务礼仪规范。

技能目标

1. 能够熟练掌握客舱对客服务基本礼仪知识和技能并运用到工作中。
2. 能够在完成各项服务工作时让客人体会到服务人员的敬意和热情。

素质目标

1. 具备沟通能力和跨文化交流能力。
2. 具备处理突发事件的能力。
3. 具备良好的身体与心理素质。
4. 通过对客舱服务礼仪的学习提升学生的专业服务能力，增强交往能力，提高综合素质。

案例导入

记住客人的名字

客人小王到服务台办理住宿手续，还未等他开口，服务小姐就说："王先生，欢迎您再次光临，希望您在这儿住得愉快。"小王听后十分惊讶，露出欣喜的神色，因为他只是在半年前到这里住过一次。

当天夜里，小王突然感到肚子很饿，想要点东西吃，便找出了服务中心的电话号码。让小王感到十分意外的是，他刚拨通电话，电话那头就有一位小姐接听，并非常亲切地说："您好，王先生。这里是服务中心，请问您有什么需要帮忙的吗？"小王更惊讶了，服务中心的服务人员又怎会知道他姓王呢？

点评：

美国一位学者曾经说过："一种既简单但又最重要的获得好感的方法，就是牢记别人的姓名。"善于记住别人的姓名，既是一种礼貌，又是一种情感投资。姓名是一个人的标志，人们出于自尊，总是最珍爱它，同时也希望别人能尊重它。在人际交往中，当你与曾打过交道的人再次见面，如果对方能一下子叫出你的名字，你一定会感到非常亲切，对对方的好感也会油然而生。基于以上原因，酒店一般都要求服务人员尽量记住客人的名字。

想要尽快记住客人的名字，可以通过以下方式。

（1）留意并尽快知道客人的名字，必要时可以有礼貌地问："先生，请问您贵姓？"

（2）一旦知道客人的名字，就应反复利用各种机会，用名字来称呼客人，这样有助于记住对方的名字。

（3）努力记住客人的面貌和身体特征，并且设法和他的名字联系在一起。

（4）在提供服务的过程中要专心倾听，不可三心二意，以提高记忆的效果。

（5）客人离去时，要及时回想一下他的面貌、职业和你所给予的服务，并再次和姓名联系在一起，必要时以书面形式记下所需资料。

（6）再次见面，应用记住的名字称呼，如不能完全确认对方名字时，可以试探地问："对不起，请问你是 xx 先生吧？"千万不要贸然叫错客人的名字。

任务清单

认知客舱对客服务礼仪（表 4-16）

表 4-16　客舱对客服务礼仪

项目名称	任务清单内容
任务情景	邮轮客舱对客服务主要指客舱服务人员为满足客人提出的各种合理要求，向客人提供的各种服务。客舱对客服务是邮轮服务的重要组成部分，贯穿于客人在邮轮入住客舱期间的整个过程，关系到客人基本的生活需要。客舱对客服务是否周到、细致、方便、有效，在很大程度上体现了邮轮管理水平的高低，关系到邮轮的整体形象，直接影响着客人对邮轮旅行的整体印象。 每一位客人都会在邮轮舱内逗留较长时间，因此邮轮客舱部对客舱的服务优劣，很大程度上决定了客人对邮轮客舱部的认知和满意程度。这就要求客舱部在对客服务时，要以与其邮轮档次相称的服务程序及制度为基础，以整洁、舒适、温馨和安全的邮轮客舱服务为前提，随时为客人提供高品质的服务，使客人“高兴而来，满意而归”。
任务目标	礼貌热情、真诚主动、舒适便捷、耐心周到、准确高效、尊重隐私地进行对客服务。
任务要求	能够熟练掌握基本礼仪知识和技能并运用到工作中。
任务思考	邮轮服务人员怎样保持良好的服务态度？ 怎样提升邮轮服务人员的服务意识？

表 4-16（续）

<table>
<tr><th>项目名称</th><th>任务清单内容</th></tr>
<tr><td>任务实施</td><td>任务：满足客人需求服务
客人来电询问“健身馆”怎么走，假设你不知道该如何去，怎么办？请你安排一个场景来体现客舱服务中心值班员的礼仪服务，要注意细节并进行评价。
（1）满足客人需求礼仪服务场景设计。
（2）完成任务评价。
<table>
<tr><td>项目（评分）</td><td>场景设计（4 分）</td><td>语言沟通（2 分）</td><td>细节服务（2 分）</td><td>表情态度（2 分）</td><td>总分</td></tr>
<tr><td>评价标准</td><td>设计合理，有完整情景对话</td><td>语言规范，沟通良好，有礼貌</td><td>体谅客人，注意细节，服务到位</td><td>微笑应答，态度热情</td><td></td></tr>
<tr><td>第_____组</td><td></td><td></td><td></td><td></td><td></td></tr>
<tr><td>第_____组</td><td></td><td></td><td></td><td></td><td></td></tr>
<tr><td>点评记录</td><td colspan="5">优点：

缺点：</td></tr>
</table>
</td></tr>
<tr><td>任务总结</td><td>通过完成上述任务，你学到了哪些知识与技能？</td></tr>
<tr><td>实施人员</td><td></td></tr>
<tr><td>任务点评</td><td></td></tr>
</table>

【点　睛】

学习客舱对客礼，礼貌热情来待客，真诚主动是要诀。

了解需求是前提，舒适便捷是目的，耐心周到是态度。

准确高效是速度，尊重隐私是原则，整洁温馨又安全。

【做中学　学中做】

请归纳总结客舱对客礼仪，填写表 4-17。

表 4-17　总结客舱对客礼仪

操作标准	基本要求

【知识链接】

请扫码查看。

知识链接 4.3.1

知识锦囊

请扫码查看，并完成任务清单。

任务 4.3.1

4.3.2　客舱服务中心服务礼仪

知识目标

掌握客舱服务中心服务礼仪规范。

技能目标

1. 能够熟练掌握客舱服务中心服务礼仪知识和技能并运用到工作中。
2. 能够在完成各项服务工作时让客人体会到服务人员的敬意和热情。

素质目标

1. 具备沟通能力和跨文化交流能力。
2. 具备处理突发事件的能力。
3. 具备良好的身体与心理素质。
4. 通过对客舱服务礼仪的学习提升学生的专业服务能力，增强交往能力，提高综合素质。

案例导入

这样的闲事管不管

一日，一位先生打来长途电话，说有一件非常紧急的事情希望北京昆仑饭店总机的话务员给予帮助。总机领班说："请您不要着急，慢慢说，看我是否能帮您解决问题。"

这位先生说，他有一位朋友现住出差，住在北京丰泽苑宾馆，他因有急事需要立即与朋友取得联系，但北京市电话局 114 查号台说查不到丰泽苑宾馆的号码。他听说北京昆仑饭店总机的服务热情、周到，能够帮助客人解决各种困难，因此抱着试试看的想法打长途电话来寻求帮助。

总机领班马上安慰这位先生，请他不要着急。挂断电话后，总机领班找出电话簿仔细查询，终于查到了丰泽范宾馆的电话号码，马上打电话与丰泽苑宾馆核对，证实这位先生的朋友确实住在这家宾馆。总机领班随即打了一通长途电话，将查询结果告知这位先生，这位先生连连道谢，说："昆仑饭店是一流的酒店，昆仑饭店的总机是一流的总机！我要告诉我的朋友们以后到北京一定要住昆仑饭店！"

另一日，一位姓孙的小姐打电话来说："真对不起，我不转电话，只想查一个号码，可以吗？"总机话务员毫不犹豫地说："没关系，女士。您打电话请我们帮忙查号，这是对我们的信任。请问您查哪里的号码？我们一定尽力帮您查找，如果您在线上等待的时间太长不方便的话，您可以留下号码，等我们查到后打电话通知您，好吗？"

孙小姐说她家的狗病了，想找一个离家近的宠物医院的联系方式。总机话务员查到后，回复给孙小姐，她非常感动，说："我打了几家饭店的总机，他们都拒绝了我的要求，没想到你们那么痛快地答应了，并且还帮忙找了几家医院供我选择，真是太感谢你们了！"总机话务员说："不用客气，我们非常高兴能为您提供帮助，希望您今后有机会光临昆仑饭店，再见！"

思考：

评析北京昆仑饭店的做法。

任务清单

认知客舱服务中心服务礼仪（表 4-18）

表 4-18 客舱服务中心服务礼仪

项目名称	任务清单内容
任务情景	客舱服务中心是客舱部对客服务的统一协调中心，服务中心通常实行 24 小时值班制，由值班人员接到客人需要服务的电话，再通过邮轮的内部呼叫系统通知楼层服务员上门服务，满足客人的需要。客舱服务中心是邮轮客舱部的“心脏”，重要程度不可忽视。 客舱服务中心内，值班员玛丽正在接听客人打来的电话。她面带微笑，亲切地问候客人，认真聆听并记录，迅速把客人需要的服务信息传达到楼层服务员处。
任务目标	通过任务演练掌握客舱服务中心服务礼仪。
任务要求	能够熟练掌握基本礼仪知识和技能并运用到工作中。
任务思考	入住的客人在需要邮轮为其提供某些服务时，通常会给客舱服务中心致电，提出各种要求。作为客舱服务中心的值班人员，你知道如何在满足客人需要的基础上提供优质的礼仪服务吗？

表 4-18（续）

<table>
<tr><th>项目名称</th><th>任务清单内容</th></tr>
<tr><td>任务实施</td><td>
任务：处理客人遗留物品
已结账离船的客人打电话来寻找丢失的手机充电器（原装进口）。请你安排一个场景来体现客舱服务中心值班员的礼仪服务，要注意细节并进行评价。
（1）处理客人遗留物品礼仪服务场景设计。
（2）完成任务评价。
<table>
<tr><td>项目
（评分）</td><td>场景设计
（4 分）</td><td>语言沟通
（2 分）</td><td>细节服务
（2 分）</td><td>表情态度
（2 分）</td><td>总分</td></tr>
<tr><td>评价
标准</td><td>设计合理，有完整情景对话</td><td>语言规范，沟通良好，有礼貌</td><td>体谅客人，注意细节，服务到位</td><td>微笑应答，态度热情</td><td></td></tr>
<tr><td>第______组</td><td></td><td></td><td></td><td></td><td></td></tr>
<tr><td>第______组</td><td></td><td></td><td></td><td></td><td></td></tr>
<tr><td>点评
记录</td><td colspan="5">优点：

缺点：</td></tr>
</table>
</td></tr>
<tr><td>任务总结</td><td>通过完成上述任务，你学到了哪些知识与技能？</td></tr>
<tr><td>实施人员</td><td></td></tr>
<tr><td>任务点评</td><td></td></tr>
</table>

【点　睛】

客舱服务中心礼，邮轮客舱小心脏，礼貌热情接来电。

铃响三声迅速接，先要问好再报名，姿态正确微笑说。

语调亲切吐字清，认真倾听礼貌答，通话简练等候短。

了解需求快记录，快速高效去传达，我是你的小天使。

【做中学　学中做】

请归纳总结客舱服务中心服务礼仪，填写表 4-19。

表 4-19　总结客舱服务中心服务礼仪

操作标准	基本要求

【知识链接】

请扫码查看。

知识链接 4.3.2

知识锦囊

请扫码查看，并完成任务清单。

任务 4.3.2

4.3.3 迎送宾客服务礼仪

知识目标

掌握客舱迎送宾客服务礼仪规范。

技能目标

1. 能够熟练掌握客舱迎送宾客服务礼仪规范并运用到工作中。
2. 能够在完成各项服务工作时让客人体会到服务人员的敬意和热情。

素质目标

1. 具备沟通能力和跨文化交流能力。
2. 具备处理突发事件的能力。
3. 具备良好的身体与心理素质。
4. 通过对客舱服务礼仪的学习提升学生的专业服务能力，增强交往能力，提高综合素质。

案例导入

如何超越客人

某饭店的客房区域，一对香港夫妇从房间出来，边说话边向电梯走去。这是赵先生和他的太太，他们是饭店的长住客人。赵先生是北京一家合资饭店的外方总经理，由于职业的因素，赵先生对饭店的服务、服务员的行为举止等非常在意。同时，正是由于赵先生的特殊身份，服务员在为赵先生服务时也格外注意。

这时，一名客房服务员急匆匆地从客人后面走来，他从赵先生夫妇的中间穿过，超越了客人，并且连一点示意也没有。赵先生看着超过自己的客房服务员皱起了眉头，叫住了已经超越到自己前面的服务员，对他说："你这样做是不对的，这不是饭店服务人员可以做的事。"服务员意识到了自己的问题，马上说："对不起，赵先生，我有点急事。"赵先生说："你有急事可以超过我，但你知不知道应该怎么超越？"

在楼层巡视的客房主管看到了刚刚发生的事情就走了过来，向赵先生道歉说："对不起，这是我们的错，我们会加强对员工的教育。"赵先生诚恳地说："其实我倒没关系，我只是觉得我们做服务的人，应当时时有一种好的精神面貌，处处体现出严谨和规范。"

思考：

客人为什么不满意？

分析提示：

饭店的服务人员在行为、举止、仪表、姿态上都是有严格的规定的。如在通道中行走，服务员应靠右侧行走。遇有客人迎面走来，服务员与客人相遇时，应当停住脚步，面向客人身体微侧，向客人问好，并伸手示意客人先行。服务员与客人在同一侧行走时，应先问候客人，同时伸手示意客人先行，并说"您先请"，且应与客人保持一定的距离，不得超越客人。如确因有较急的事要超越客人，应从客人的左侧超越，超越时应向客人说"对不起"，不能从并排行走或说话的客人中间穿越。如果客人是靠左侧行走的，服务员则可以从客人右侧超越，但同样要向客人示意，这些都是服务人员应做到的基本礼仪。

礼节、礼貌常识是饭店服务人员的必修课。要不断提高员工素质，加强对日常工作的检查。因为员工的一言一行、一举一动都反映着饭店的服务水平和管理水平。管理者要能发现管理和服务中的问题，并及时加以改进。如果问题总是让客人发现、从客人口中说出，就成了饭店管理者的悲哀。

案例中的赵先生作为一家合资饭店的总经理，对于服务人员的言行举止很在意。赵先生说的话也非常在理，“我只是觉得我们做服务的人，应当时时有一种好的精神面貌，处处体现出严谨和规范”。

要改变和提高员工的基本素质和服务质量，一是要加强培训；二是要加强检查。饭店的各级管理人员是贯彻落实质量管理的组织者和实施者。管理人员要坚持走动管理，深入服务现场从细处抓起，把质量管理贯穿于一切工作的始终，不放过一个细小的问题，防止把问题暴露在客人面前，努力把质量问题消灭在萌芽状态。

任务清单

认知迎送宾客服务礼仪（表 4-20）

表 4-20 迎送宾客服务礼仪

项目名称	任务清单内容
任务情景	迎送宾客是客舱部服务人员最基本的对客服务项目。客舱部服务人员热烈的欢迎、亲切的微笑，会让客人有种回到家的放松和舒适感，能使邮轮的热烈气氛迅速感染客人，并且让其整个旅程保持好心情。而客舱部服务人员热情的欢送、礼貌的惜别，会使客人对邮轮满怀不舍，为客人的旅程画上一个完美的句号。
任务目标	按照迎送宾客的服务程序进行演练，要求热情欢迎、亲切微笑、引领正确、敲门进入、仔细介绍、入住温馨、送客惜别、服务温情。
任务要求	能够熟练掌握基本礼仪知识和技能并运用到工作中。
任务思考	在协助老、幼、残疾客人时，应该注意什么问题？

表 4-20（续）

<table>
<tr><th>项目名称</th><th colspan="2">任务清单内容</th></tr>
<tr><td rowspan="10">任务实施</td><td colspan="2">任务一：请你来处理（1）</td></tr>
<tr><td>发布任务</td><td>你接到客舱服务中心的宾客入住通知：有 5 位从德国来的宾客已办理完入住手续，这些宾客刚下飞机，非常疲惫，同时这也是他们第一次邮轮旅游。
请问：你该如何进行迎客礼仪服务，使尚有陌生感的宾客倍感温暖？</td></tr>
<tr><td>如何服务</td><td></td></tr>
<tr><td>细节</td><td></td></tr>
<tr><td>评价</td><td></td></tr>
<tr><td colspan="2">任务二：请你来处理（2）</td></tr>
<tr><td>发布任务</td><td>张先生在服务员丽萨进行客舱介绍时，言语里流露出对邮轮客舱环境的不满意。
如果你是丽萨，该如何为宾客提供称心如意的服务？</td></tr>
<tr><td>如何服务</td><td></td></tr>
<tr><td>细节</td><td></td></tr>
<tr><td>评价</td><td></td></tr>
<tr><td>任务总结</td><td colspan="2">通过完成上述任务，你学到了哪些知识与技能？</td></tr>
<tr><td>实施人员</td><td colspan="2"></td></tr>
<tr><td>任务点评</td><td colspan="2"></td></tr>
</table>

【点　睛】

迎接宾客在前面，第一印象很重要，微笑亲切来问候，很高兴为您服务。
帮助客人提行李，引领客人左前方，温馨提示注安全，帮助来按电梯钮。
进入客舱先敲门，宾客允许才能进，介绍设施和设备，退出舱房轻关门。
送客先要核情况，接着去检查客舱，协助客人拿行李，礼貌道别话珍重。

【做中学　学中做】

请归纳总结迎送宾客服务礼仪，填写表 4-21。

表 4-21　总结迎送宾客服务礼仪

操作标准	基本要求

知识锦囊

任务 4.3.3

请扫码查看，并完成任务清单。

4.3.4 借用物品服务礼仪

知识目标

掌握客舱借用物品服务礼仪规范。

技能目标

1. 能够熟练掌握客舱借用物品服务礼仪规范并运用到工作中。
2. 能够在完成各项服务工作时让客人体会到服务人员的敬意和热情。

素质目标

1. 具备沟通能力和跨文化交流能力。
2. 具备处理突发事件的能力。
3. 具备良好的身体与心理素质。
4. 通过对客舱服务礼仪的学习提升学生的专业服务能力，增强交往能力，提高综合素质。

案例导入

凌晨的电话

凌晨 1 点钟，“铃铃铃……”客舱总机电话铃声响起，总机服务员小李迷迷糊糊地接起电话。302 号房间的徐先生打电话，他需要借用某件物品。小李回复马上送到，可是他实在是太困了，心想再打个盹吧，没想到一迷糊就一个小时就过去了。徐先生在房间等得非常着急，于是又打来电话催促。

思考：

如果你是客舱服务人员，要去给徐先生送东西，你会怎么做呢?

任务清单

认知借用物品服务礼仪（表4-22）

表4-22　借用物品服务礼仪

项目名称	任务清单内容
任务情景	国际邮轮客舱服务中心一般会备有睡枕、冰袋、体温计、手机充电器、电源转换器等物品，客人如有需要，可以向客舱服务中心进行借用。
任务目标	热情、微笑、主动、及时地进行借用物品服务。
任务要求	能够熟练掌握基本礼仪知识和技能并运用到工作中。
任务思考	如果过了借用时间客人仍未归还物品，你应该怎样打电话询问？

表 4-22（续）

<table>
<tr><th>项目名称</th><th>任务清单内容</th></tr>
<tr><td>任务实施</td><td>任务：情景模拟借用物品
<table>
<tr><td>训练项目</td><td>借用物品礼仪训练</td></tr>
<tr><td>训练目的</td><td>掌握邮轮借用物品的礼仪和技巧。</td></tr>
<tr><td>训练要求</td><td>每两名学生为一组，分别扮演正在工作的服务员和客人，进行借用物品礼仪训练。</td></tr>
<tr><td>训练场景</td><td>客人打电话想借电熨斗。</td></tr>
<tr><td>训练模拟</td><td>客舱服务中心（电话铃响）：“您好！客舱服务中心。我能为您做些什么吗？”
客人：“你好！我是 1206 的客人，我们想要熨衣服，能借个电熨斗并送到我房间吗？”
客舱服务中心：“好的，马上给您送过去。再见！”
（稍后）
服务员（敲门，通报）：“您好！客舱服务员。”
客人：“请进！”
服务员:“王先生,这是您要借用的电熨斗,我给您放在桌子上行吗？”
客人：“就放在那儿吧。”
服务员：“好的。请您在这份借用物品登记表上签字好吗？”
（按递物礼仪将签字笔和登记表递给客人）
（学生自制借用物品登记表）
客人：“好的。”
服务员：“谢谢，王先生！您还有什么需要吗？”
客人：“没有了。”
服务员：“祝您愉快！再见！”
客人：“再见！”
（后退三步，服务员转身礼貌地离开客舱）</td></tr>
</table></td></tr>
<tr><td>任务总结</td><td>通过完成上述任务，你学到了哪些知识与技能?</td></tr>
<tr><td>实施人员</td><td></td></tr>
<tr><td>任务点评</td><td></td></tr>
</table>

【点　睛】

借用物品服务礼，礼貌热情接来电，做好记录准备物。

托盘送物显规范，进入客舱先敲门，告知使用的方法。

礼貌提示还时间，上门取物要及时，归还物品要记录。

【做中学　学中做】

请归纳总结借用物品服务礼仪，填写表 4-23。

表 4-23　总结借用物品服务礼仪

操作标准	基本要求

知识锦囊

请扫码查看，并完成任务清单。任务 4.3.4

4.3.5 客舱送餐服务礼仪

知识目标

掌握客舱送餐服务礼仪规范。

技能目标

1. 能够熟练掌握客舱送餐服务礼仪规范并运用到工作中。
2. 能够在完成各项服务工作时让客人体会到服务人员的敬意和热情。

素质目标

1. 具备沟通能力和跨文化交流能力。
2. 具备处理突发事件的能力。
3. 具备良好的身体与心理素质。
4. 通过对客舱服务礼仪的学习提升学生的专业服务能力，增强交往能力，提高综合素质。

案例导入

迟到的送餐服务

某酒店，入住 1208 号房的张小姐要求提供房内送餐服务，客舱服务中心值班员玛丽通知了餐饮部。35 分钟后玛丽却再次接到张小姐的电话，她质问道："时间过了那么久，餐还没有送到。你们这是什么五星级的服务啊？"并且没等玛丽道歉就挂断了电话。

玛丽赶紧再次催促厨房，5 分钟后晚餐终于送进了 1208 号房。

本次服务由于超时受到客人的投诉。

思考：

如果想要处理好此事，你该怎么解决？

任务清单

认知客舱送餐服务礼仪（表4-24）

表4-24 客舱送餐服务礼仪

项目名称	任务清单内容
任务情景	国际邮轮客舱内大多备有菜品丰富而多元化的客舱送餐菜单，并且能24小时提供客舱送餐服务，以满足客人在客舱内享用餐食的需要。客舱送餐一般由餐饮部的客舱送餐服务组来提供服务，但很多时候需要客舱部员工的积极配合，才能使服务快捷、周到。
任务目标	热情、微笑、主动、及时、准确地进行客舱送餐服务。
任务要求	能够熟练掌握基本礼仪知识和技能并运用到工作中。
任务思考	如何做好一名客舱送餐服务人员？

表 4-24（续）

<table>
<tr><th>项目名称</th><th colspan="2">任务清单内容</th></tr>
<tr><td rowspan="5">任务实施</td><td colspan="2">任务：请你来处理</td></tr>
<tr><td>发布任务</td><td>凌晨 2：00 下榻到酒店的李先生感觉肚中饥饿，就找出《服务指南》翻阅起来，见上面印有 24 小时送餐服务的电话，就按号码拨打过去，却很长时间都无人接听。李先生感觉奇怪，又试了两次，依然无人接听。李先生随即又拨打了客房服务中心的电话，询问送餐服务情况。服务员称：“西餐厅 24：00 就下班了，酒店后半夜并无送餐服务。”李先生听后有点恼火地质问道：“服务指南上明明写有 24 小时送餐服务啊！”客房中心服务员在电话中向孟先生表示了歉意，并说：“客房中心备有碗面出售，如果有需要，可以立即送来。”李先生勉强表示同意。
如果你是客房中心服务员，应该怎么处理？</td></tr>
<tr><td>如何服务</td><td>解决方案一：送餐服务只是一项附加服务，不是酒店的主营业务，客人点菜似乎也是餐饮部的事，与本部门无关。
解决方案二：主动及时地向酒店经理反映，重视客房送餐服务。</td></tr>
<tr><td>细节</td><td>方案分析：请选择合适的解决方案。</td></tr>
<tr><td>评价</td><td></td></tr>
<tr><td>任务总结</td><td colspan="2">通过完成上述任务，你学到了哪些知识与技能？</td></tr>
<tr><td>实施人员</td><td colspan="2"></td></tr>
<tr><td>任务点评</td><td colspan="2"></td></tr>
</table>

【点　睛】

客舱送餐有礼仪，礼貌热情接来电，做好记录准备餐。
菜品放置要规范，确认菜单和房号，送餐入房要敲门。
询问意见摆餐食，为客拉椅请用餐，收餐前要先询问。
收餐动作轻稳快，递送账单双手奉，后退关门礼道别。

【做中学　学中做】

请归纳总结客舱送餐服务礼仪，填写表 4-25。

表 4-25　总结客舱送餐服务礼仪

操作标准	基本要求

【知识链接】

请扫码查看。知识链接 4.3.5

知识锦囊

请扫码查看，并完成任务清单。任务 4.3.5

4.3.6 客舱清洁服务礼仪

知识目标

掌握客舱清洁服务礼仪规范。

技能目标

1. 能够熟练掌握客舱清洁服务礼仪规范并运用到工作中。
2. 能够在完成各项服务工作时让客人体会到服务人员的敬意和热情。

素质目标

1. 具备沟通能力和跨文化交流能力。
2. 具备处理突发事件的能力。
3. 具备良好的身体与心理素质。
4. 通过对客舱服务礼仪的学习提升学生的专业服务能力，增强交往能力，提高综合素质。

被扔掉的挂历

1208 号房已离店的张小姐向酒店投诉：她放在客房写字台上的两本挂历不见了。经调查，是客房服务员丽萨在进行客房清扫时，看见挂历卷着放在写字台上，以为客人不会再用了，就随手拿走了。但张小姐表示，那两本挂历是她准备送给朋友的，退房时忘在了房间内。

思考：

分析丽萨的做法是否合适？

任务清单

认知客舱清洁服务礼仪（表 4-26）

表 4-26 客舱清洁服务礼仪

项目名称	任务清单内容
任务情景	邮轮客舱清洁整理工作一般是从打开客舱门进入室内开始的。邮轮客舱是客人入住后的“私人场所”，邮轮客舱服务人员在任何时候进入客人的客舱，都必须遵守相应的规程。
任务目标	按照客舱清洁服务程序进行演练。
任务要求	能够熟练掌握基本礼仪知识和技能并运用到工作中。
任务思考	在进行客舱清洁服务时，应该注意什么问题？

表 4-26（续）

<table>
<tr><th>项目名称</th><th>任务清单内容</th></tr>
<tr><td>任务实施</td><td>任务一：情景模拟客舱清洁
<table>
<tr><td>训练项目</td><td>客舱清洁服务礼仪训练</td></tr>
<tr><td>训练要求</td><td>每两名学生分为一组，分别扮演正在工作的服务员和客人，通过不同场景，熟悉客舱清洁服务礼仪，最后评出“最佳服务员”。</td></tr>
<tr><td>场景模拟</td><td>客人在客舱内；客人回来时；客人外出时；“请勿打扰”房。</td></tr>
<tr><td>训练程序</td><td>（1）互换角色进行训练，灵活运用进出客舱和客舱清洁服务礼仪。
（2）针对客舱内客人的不同情况分别进行训练。
（3）互相点评，指出优点和不足，共同提升服务的质量。
（4）评出优秀的小组。
（5）学生总结，教师点评。</td></tr>
</table>
任务二：请你来处理
<table>
<tr><td>发布任务</td><td>服务员丽萨在清扫客舱时，发现客人将一张靠背椅靠在床边，清扫卫生间时又发现了小孩的纸尿裤。
（1）这些情况说明了什么问题？
（2）如果你是丽萨，该怎样为客人提供个性化的礼仪服务？</td></tr>
<tr><td>如何服务</td><td></td></tr>
<tr><td>细　节</td><td></td></tr>
<tr><td>评　价</td><td></td></tr>
</table></td></tr>
<tr><td>任务总结</td><td>通过完成上述任务，你学到了哪些知识与技能？</td></tr>
<tr><td>实施人员</td><td></td></tr>
<tr><td>任务点评</td><td></td></tr>
</table>

【点 睛】

客舱清洁有礼仪，观察情况再打扫，有节奏的来敲门，叮咚 housekeeping。

第一次敲等回应，切记反复乱敲门，打开客舱门15度，征询意见再打扫。

操作轻来动作敏，程序熟练显专业，宾客物品不挪动，清扫完毕礼道别。

（注：housekeeping，内务处理）

【做中学 学中做】

先由教师对邮轮客舱清洁服务知识进行讲解，并进行视频展示。然后学生以 6~8 人为一组，进行分组模拟练习。练习的内容为客舱清洁。最后小组进行情景模拟比赛，由教师和学生进行点评。

【知识链接】

请扫码查看。

知识链接 4.3.6

知识锦囊

请扫码查看，并完成任务清单。

任务 4.3.6

任务 4.4 娱乐休闲服务礼仪

知识目标

1. 掌握对客服务基本要求。
2. 了解客人消费需求和心理。
3. 了解邮轮上休闲娱乐活动的主要种类和内容。
4. 熟悉休闲娱乐活动对客服务规格和流程。

能力目标

1. 运用专业知识与服务技能，为客人提供安全、贴心、周到的服务。
2. 学习和掌握各岗位应急突发情况的防范与处理方法。

素质目标

1. 具备良好的服务意识与沟通技巧。
2. 具备较高的自我调节能力，能适应各岗位需求。

案例导入

邮轮服务要“5E”

邮轮上的娱乐休闲项目种类繁多，客人可以根据自己的兴趣爱好进行选择：去篮球场或健身房做运动；欣赏一场精彩的歌舞表演愉悦心情；去商店逛街购物；在SPA会所做个全身按摩；在儿童托管中心和青少年活动中心进行游戏和学习等。值得注意的是，服务人员在这些公共场所进行服务时要注意遵守相应的礼仪。

一位新加坡邮轮公司行政总监把邮轮服务理念归纳为5个“E”：

Entertainment，娱乐。即邮轮要提供宾至如归的服务，热情招待每位客人，积极处理好客人的各种诉求，让他们感觉到自己被尊重。

Education，教育。即客人在船上不仅仅是消费，还要让他们开阔眼界、受到启迪，学会某一种娱乐方法或技巧，使其感到邮轮生活非常充实。

Endearment，亲切。即邮轮上每个服务员对客人都要倾注最大的热情，关心客人，营造家一样的氛围，使客人感到轻松，留下美好回忆。

Excitement，兴奋。即邮轮上的活动必须是刺激和兴奋的，使客人流连忘返，产生再次邮轮旅游的冲动与向往。

Earnest，真诚。即邮轮服务不仅要热情，还要真挚、发自内心、自然地流露，将愉悦的心情传达给客人，这一点至关重要。

4.4.1 运动健身服务礼仪

4.4.1.1 溜冰场服务礼仪

知识目标

1. 熟悉与了解溜冰场馆的主要设施及区域功能。
2. 引导客人进行规律、有序的运动。
3. 了解在进行溜冰运动时需要注意的事项。
4. 熟悉溜冰场馆的相关礼仪常识和规范。
5. 掌握场馆服务人员的岗位职责与礼仪。

能力目标

1. 运用专业知识与服务技能，为客人提供安全、贴心、到位的服务。
2. 学习和掌握各岗位应急突发事件的防范与处理办法。

素质目标

1. 具备良好的服务意识与沟通技巧。
2. 具备较高的自我调节的能力，适应各岗位需要。

案例导入

初学者的冰场体验

昨天我和芬芬到家附近的溜冰场学溜冰。说是学，其实并没有教师现场指导，只是我们自己尝试着溜，结果就是在练习摔跤，前摔、后摔、侧摔，摔得那叫一个过瘾。虽然我们戴着护具，但是没多久就“摔晕”了。场上除了我们之外全都是高手，而且大部分都是十岁以下的孩子，他们戴着头盔、穿上护具，前后旋转，左冲右突，演绎传说中的“冰上飞”。

思考：

作为溜冰场的服务人员，你面对两个二十多岁的年轻人，该如何提供帮助而又不让他们尴尬呢?

任务清单

认知溜冰场服务礼仪（表 4-27）

表 4-27　溜冰场服务礼仪

项目名称	任务清单内容
任务情景	溜冰场按照地面的材质可分为水泥、木地板、真冰三种；按照环境场地的不同可分为室内和室外两种。 邮轮上的溜冰场一般为室内封闭式真冰溜冰场。以皇家加勒比游轮为例，室内溜冰场兼具舞台表演功能，溜冰场四周为观众座席，场地空间挑高 10 米以上，吊顶安装制冷、除湿等空调设备及舞台灯光。室内溜冰场的主要设施有真冰冰面、光源设备、观众休息区、服务台、商店等。考虑到邮轮上的娱乐休闲需要，平时对外开放给爱好溜冰的客人，为客人提供溜冰鞋租赁、护具租赁，还有教练、培训等服务。冰面采用先进的制冷技术与进口材料，客人能体验到真实冰面，滑起冰畅快淋漓，再配合炫目的灯光、美妙的音乐，是非常适合青年人的娱乐休闲运动项目。
任务目标	熟练并灵活运用基本礼仪到溜冰场岗位工作中。
任务要求	着装规范、有序引导、满足需求、快速反应、随时待命、文明服务、语言规范。
任务思考	当溜冰场内客人较多时，应如何进行安全防范？

表 4-27（续）

<table>
<tr><th>项目名称</th><th>任务清单内容</th></tr>
<tr><td>任务实施</td><td>任务一：情景模拟溜冰场服务
<table>
<tr><td>训练项目</td><td>溜冰场服务礼仪训练</td></tr>
<tr><td>训练目的</td><td>通过模拟练习掌握溜冰场服务礼仪。</td></tr>
<tr><td>训练要求</td><td>主动问候、热情服务，以良好的服务态度和礼仪规范对待客人。</td></tr>
<tr><td>训练准备</td><td>学生分成两组，一组扮演客人，一组担任服务人员。</td></tr>
<tr><td>训练程序</td><td>（1）分小组讨论，设计情景。
（2）写出模拟对话过程。
（3）两组学生互换角色，轮流表演。
（4）学生点评，教师指导。</td></tr>
</table>
任务二：请你来处理
<table>
<tr><td>任务</td><td>室内溜冰场内年轻人占了大多数，他们年轻，有朝气、有活力，滑得非常开心。这时溜冰场内一名男子向溜冰场外的同伴大声示意想喝水，他的同伴随即把包内的矿泉拿出来准备递给他，由于距离较远，男子要求同伴将矿泉水扔给他。正当他的同伴准备抛出矿泉水瓶的时候，被服务人员及时制止。
1. 服务人员为什么要制止他的抛掷行为？
2. 如果真的抛掷了矿泉水瓶，会产生什么后果？</td></tr>
<tr><td>如何服务</td><td></td></tr>
<tr><td>细节</td><td></td></tr>
<tr><td>评价</td><td></td></tr>
</table>
</td></tr>
<tr><td>任务总结</td><td>通过完成上述任务，你学到了哪些知识与技能？</td></tr>
<tr><td>实施人员</td><td></td></tr>
<tr><td>任务点评</td><td></td></tr>
</table>

【点　睛】

溜冰场岗位礼仪，着装规范要统一，有序引导维秩序。

快速反应随待命，解答问询要耐心，满足需求好服务。

接待要有条不紊，后台保障要跟上，环境卫生要保持。

饮料服务不能少，风驰电掣溜冰场，有你服务才更好。

【做中学　学中做】

角色准备：学生分成两组，一组扮演客人，一组担任服务人员。

训练目的：通过模拟练习掌握溜冰场服务礼仪。

礼仪要求：主动问候、热情服务，以良好的服务态度和礼仪规范对待客人。

训练程序：（1）分小组讨论，设计情境；（2）写出模拟对话过程；（3）两组学生互换角色，轮流表演；（4）学生点评，教师指导。

【知识链接】

知识链接 4.4.1.1

请扫码查看。

知识锦囊

任务 4.4.1.1

请扫码查看，并完成任务清单。

4.4.1.2 游泳池服务礼仪

知识目标

1. 熟悉了解游泳场馆的主要设施及区域功能。
2. 引导客人进行规律、有序的运动。
3. 了解在进行游泳运动时需要注意的事项。
4. 熟悉游泳场馆的相关礼仪常识和规范。
5. 掌握场馆服务人员的岗位职责与礼仪。

能力目标

1. 运用专业知识与服务技能，为客人提供安全、贴心、到位的服务。
2. 学习和掌握各岗位应急突发事件的防范与处理办法。

素质目标

1. 具备良好的服务意识与沟通技巧。
2. 具备较高的自我调节的能力，适应各岗位需要。

泳池边的尴尬

天气晴朗，阳光明媚，露天游泳池内客人如织，好不热闹。

几位美丽的女士结伴而来，在水中嬉戏玩耍。不料，有一个中年男子举起手中的相机对着女士们拍了起来，且视线始终停留在女士们的身上，还吹起了口哨。这一行为引得旁人纷纷侧目，几位女士面露不悦，起身离去。

思考：

中年男子做法有何不妥？

任务清单

认知游泳池服务礼仪（表 4-28）

表 4-28　游泳池服务礼仪

项目名称	任务清单内容
任务情景	泳池根据不同的场地环境可分为室内池、室外池以及天然池。邮轮上的泳池类型多为露天室外泳池。为了满足不同客人的需求，一般设置多个大小不一功能多样的泳池，如标准泳池、专门为儿童设计的戏水池、专门为女士准备的恒温泳池、配备按摩功能和起泡功能的浴缸等。各大邮轮公司也是别出心裁地增加了很多娱乐项目，如："迪斯尼梦想"号邮轮上的水上过山车，精彩刺激；"公主"号邮轮上著名的星空影院，客人可以边游泳边看电影；有些邮轮还有酒吧泳池。 泳池旁配备供客人休憩的躺椅和桌台，客人可以涂上防晒霜来个日光浴。皇家加勒比游轮上还提供露天烧烤，同时也配备浮板、泳镜、耳塞、鼻夹、面镜等，客人累了还可以享受美味的甜品，各式饮料随意饮用。
任务目标	熟练并灵活运用基本礼仪到游泳池岗位工作中。
任务要求	着装规范、有序引导、满足需求、快速反应、随时待命、文明服务、语言规范。
任务思考	如何制止在泳池打闹的小朋友们？

表 4-28（续）

<table>
<tr><th>项目名称</th><th colspan="2">任务清单内容</th></tr>
<tr><td rowspan="11">任务实施</td><td colspan="2">任务一：情景模拟游泳池前台接待</td></tr>
<tr><td>训练项目</td><td>游泳池前台接待服务礼仪训练</td></tr>
<tr><td>训练目的</td><td>通过模拟练习，掌握游泳池前台接待服务礼仪。</td></tr>
<tr><td>训练要求</td><td>主动问候、热情服务，以良好的服务态度和礼仪规范对待客人。</td></tr>
<tr><td>训练准备</td><td>学生分成两组，一组扮演客人，一组担任服务人员。</td></tr>
<tr><td>训练程序</td><td>（1）分小组讨论，设计情景。
（2）写出模拟对话过程。
（3）两组学生互换角色，轮流表演。
（4）学生点评，教师指导。</td></tr>
<tr><td colspan="2">任务二：请你来处理</td></tr>
<tr><td>任务</td><td>请根据下列情境，模拟练习游泳池服务礼仪。
场景：一个调皮的男孩非常喜欢练跳水，影响了其他客人。
游泳池的服务员在处理时应该注意些什么，如何做？</td></tr>
<tr><td>如何服务</td><td></td></tr>
<tr><td>细节</td><td></td></tr>
<tr><td>评价</td><td></td></tr>
<tr><td>任务总结</td><td colspan="2">通过完成上述任务，你学到了哪些知识与技能？</td></tr>
<tr><td>实施人员</td><td colspan="2"></td></tr>
<tr><td>任务点评</td><td colspan="2"></td></tr>
</table>

【点　睛】

这节课主要学习游泳池岗位礼仪，总体要求是快速反应、专业救助、随时待命、满足需求、文明服务、解答问讯、耐心回应，语言规范。

【做中学　学中做】

角色准备：学生分成两组，一组扮演客人，一组担任服务人员。

训练目的：通过模拟练习掌握游泳池前台接待服务礼仪。

礼仪要求：主动问候、热情服务，以良好的服务态度和礼仪规范对待客人。

训练程序：（1）分小组讨论，设计情境；（2）写出模拟对话过程；（3）两组学生互换角色，轮流表演；（4）学生点评，教师指导。

【知识链接】

知识链接 4.4.1.2

请扫码查看。

知识锦囊

任务 4.4.1.2

请扫码查看，并完成任务清单。

4.4.1.3　健身房服务礼仪

知识目标

1. 熟悉了解健身场馆的主要设施及区域功能。
2. 引导客人进行规律、有序的运动。
3. 了解在进行健身运动时需要注意的事项。
4. 熟悉健身场馆的相关礼仪常识和规范。
5. 掌握场馆服务人员的岗位职责与礼仪。

能力目标

1. 运用专业知识与服务技能，为客人提供安全、贴心、到位的服务。
2. 学习和掌握各岗位应急突发事件的防范与处理方法。

素质目标

1. 具备良好的服务意识与沟通技巧。
2. 具备较高的自我调节的能力，适应各岗位需要。

案例导入

劝　阻

一位健身房会员手里拿着面包，边吃边走进了健身房。正在工作的服务员小朱见到此情景主动上前劝阻其不要在此吃东西。但是那位会员说他中午没有吃饭，怕一会儿跳操的时候胃难受，马上能吃完。服务员小朱再次劝阻说："健身房有规定，不能在此吃东西。"就这样，两个人发生了争执。

思考：

1. 小朱的做法是否正确？

2. 如果你是小朱，你会怎样注意语言的技巧，有效地劝阻这位客人呢？

任务清单

认知健身房服务礼仪（表 4-29）

表 4-29　健身房服务礼仪

项目名称	任务清单内容
任务情景	健身房是为客人提供健身运动服务的场所，有较全的运动器材，如全身训练器械、局部训练器械和小型训练器械。除了各式健身器材，还有体操房、瑜伽室等，在这里客人可以进行有氧操、舞蹈和瑜伽的练习。健身房各项运动设施完备，运动者可以依据自己的需求和喜好进行选择，配以动感的音乐，使人倍感身心的轻松、愉悦。健身房还配备饮水区、洗浴区、更衣室、休息区、服务台。 健身房一般都会有专业的健身教练、助理教练等，初次健身可以免费进行身体健康测评，并给予相应的建议与指导。对器材、运动方法有疑惑或其他问题也可以寻求帮助。此外，定制私人教练可以获得更有针对性和专业的训练指导。 进入健身房会有服务台人员帮你换取手牌，领取供淋浴使用的毛巾、浴巾、拖鞋、洗发液、沐浴产品等。在休息区可以浏览报纸、杂志并享受饮品，在前台可以自由选择运动、健身产品，如服装鞋类、护具，以及运动保健食品等。
任务目标	熟练并灵活运用基本礼仪到健身房岗位服务中。
任务要求	着装规范、有序引导、满足需求、快速反应、随时待命、文明服务、语言规范。
任务思考	如何为客人提供健身咨询服务？

表 4-29（续）

<table>
<tr><th>项目名称</th><th>任务清单内容</th></tr>
<tr><td>任务实施</td><td>任务：请你来处理
<table>
<tr><td>任务</td><td>场景一：周六下午，刚入住酒店的张小姐来到健身房的器械区，但器械全被占满了。
观察到此情景，你作为健身房服务员应该如何做？
场景二：在 22:30，服务员见客人都走了，就清场准备下班了。谁知在清场过程中，又来了一拨客人，要玩羽毛球。服务员没说什么，直接给客人开了场地。过了一会儿，服务员走到客人面前，毫不客气地说：“现在已经十一点了，我们要清场了。您若想玩的话，等到明天再过来玩吧。”客人很气愤，吼了过去：“我们刚玩了多长时间就让我们走？”服务员立即张口结舌，就说了一句：“我们健身馆现在清场了，您要是玩，就等到明天再来吧。”客人很生气，扭头就走了。</td></tr>
<tr><td>如何服务</td><td></td></tr>
<tr><td>细节</td><td></td></tr>
<tr><td>评价</td><td></td></tr>
</table></td></tr>
<tr><td>任务总结</td><td>通过完成上述任务，你学到了哪些知识与技能？</td></tr>
<tr><td>实施人员</td><td></td></tr>
<tr><td>任务点评</td><td></td></tr>
</table>

【点　睛】

这节课主要学习健身房服务礼仪，总体要求是满足需求、文明服务、专业建议、解答问讯、耐心回应，语言规范。

【做中学 学中做】

角色准备：学生分成两组，一组扮演客人，一组担任服务人员。

训练目的：通过模拟练习掌握健身前台接待服务礼仪。

礼仪要求：主动问候、热情服务，以良好的服务态度和礼仪规范对待客人。

训练程序：（1）分小组讨论，设计情境；（2）写出模拟对话过程；（3）两组学生互换角色，轮流表演；（4）学生点评，教师指导。

【知识链接】

知识链接 4.4.1.3

请扫码查看。

知识锦囊

任务 4.4.1.3

请扫码查看，并完成任务清单。

4.4.2 博彩游乐服务礼仪

4.4.2.1 博彩服务礼仪

知识目标

1. 熟悉了解博彩场馆的主要设施及区域功能。
2. 引导客人按照规则和秩序进行博彩游戏。
3. 了解在活动进行中需要注意的事项。

技能目标

1. 熟悉博彩场馆的相关礼仪常识和规范。
2. 掌握博彩场馆服务人员的岗位职责与服务礼仪。

素质目标

1. 具备良好的服务意识与沟通技巧。
2. 具备较高的自我调节的能力，适应各岗位需要。

案例导入

紧张的荷官

小陈在赌场里做荷官，上班第一天，看着十多位客人盯着自己，他心里紧张得很，再加上耳边客人的叫喊声，发牌时手都在抖。派了一个小时的牌，他犯了两次错，都是没算对筹码。

荷官出错倒是常事，派牌派少了，筹码赔多了，都要中止赌局叫来经理，调看监控视频后再处理。而算错数，筹码即使赔了出去也得收回；发错牌，下注筹码将被如数奉还。赌局作废，荷官一般不会受罚，最不开心的是赢钱的赌客。

其实，当一名合格的荷官学问也不少。筹码叠数不同，摆法也不同，用手推出去时要夹在两指间，食指呈90度弯曲状，称为“跪码”。以前的荷官赢了钱就用手敲两下桌子，催促赌客拿钱出来，现在不同了，收筹码都不能出声，讲究的是服务。

思考：

荷官有哪些服务礼仪？

任务清单

认知博彩服务礼仪（表 4-30）

表 4-30　博彩服务礼仪

项目名称	任务清单内容
任务情景	邮轮上的赌场是指合法经营的专供赌博的场所。赌场仅在邮轮行驶在公海时开放，绝大多数类型的博彩提供客人与庄家的对赌，如老虎机、二十一点、轮盘、百家乐、掷骰子、诈金花、牌九等。参与博彩的客人需要至服务台换取筹码，进行下注。筹码兑换有每日的上限，防止客人过度沉迷游戏之中。 赌场内为客人提供餐饮、小食，有时也举行一些娱乐活动，如魔术表演、特技表演、抽奖等活跃气氛。
任务目标	熟练并灵活运用基本礼仪到博彩岗位工作中。
任务要求	讲解说明、步骤说明、保障客人人身和财产安全。
任务思考	为什么服务人员要进行玩法说明和步骤说明？

表 4-30（续）

<table>
<tr><th>项目名称</th><th>任务清单内容</th></tr>
<tr><td>任务实施</td><td>任务：请你来处理
<table><tr><td>任务</td><td>场景：一位醉酒的客人在赌场里来回走动，边走边骂骂咧咧。
观察到此情景，你作为博彩服务人员应该如何做？</td></tr><tr><td>如何服务</td><td></td></tr><tr><td>细节</td><td></td></tr><tr><td>评价</td><td></td></tr></table></td></tr>
<tr><td>任务总结</td><td>通过完成上述任务，你学到了哪些知识与技能？</td></tr>
<tr><td>实施人员</td><td></td></tr>
<tr><td>任务点评</td><td></td></tr>
</table>

【点　睛】

这节课主要学习博彩服务礼仪，总体要求是讲解说明、步骤说明、保障客人人身和财产安全。

【做中学　学中做】

角色准备：学生分成两组，一组扮演客人，一组担任服务人员。

训练目的：通过模拟练习掌握博彩服务礼仪。

礼仪要求：主动问候、热情服务，以良好的服务态度和礼仪规范对待客人。

训练程序：（1）分小组讨论，设计情境；（2）写出模拟对话过程；（3）两组学生互换角色，轮流表演；（4）学生点评，教师指导。

知识锦囊

任务 4.4.2.1

请扫码查看，并完成任务清单。

4.4.2.2 剧场服务礼仪

知识目标

1. 熟悉了解剧场的主要设施及区域功能。
2. 引导客人按照规则和秩序进行观看。
3. 了解在活动进行中需要注意的事项。

能力目标

1. 熟悉剧场的相关礼仪常识和规范。
2. 掌握剧场服务人员的岗位职责与服务礼仪。

素质目标

1. 具备良好的服务意识与沟通技巧。
2. 具备较高的自我调节的能力，适应各岗位需要。

案例导入

电影院里的一幕

小美和朋友一起去电影院观看最新上映的大片。两个人高高兴兴地买了票，抱着一大桶爆米花和瓶装可乐准备一边吃一边看。电影开始了，果然非常精彩，看到忘情处小美和朋友情不自禁地喊叫起来，随即哈哈大笑，引得旁边观众纷纷侧目，投来鄙夷的目光。电影结束后，两人的座位上留下了没吃完的爆米花和丢弃的可乐瓶。

思考：

1. 为什么旁边的观众会有这样的反应？
2. 作为观众看电影时还应该注意什么？

任务清单

认知剧场服务礼仪（表 4-31）

表 4-31　剧场服务礼仪

项目名称	任务清单内容
任务情景	剧场是观众欣赏表演和观看演出的场所，分为室内和室外两种。剧场一般由舞台表演区和观众座席区两部分组成，空间较大，配备专业的舞台灯光和顶级音响设备，视听效果好。 邮轮上每天都会安排场数不等的表演，如最经典的百老汇音乐剧、歌舞剧、民族舞蹈、魔术、杂技、话剧、儿童剧、时装表演、电影，还有前面提到的花样滑冰表演等，令人目不暇接。
任务目标	熟练并灵活运用基本礼仪到剧场服务中。
任务要求	要求剧场方面准备充足、迎宾热情、演出专业、维持秩序、引导有序、安全疏散。
任务思考	面对在演出时大声接打电话的观众，服务人员该如何与其沟通？

表 4-31（续）

<table>
<tr><th>项目名称</th><th colspan="2">任务清单内容</th></tr>
<tr><td rowspan="5">任务实施</td><td colspan="2">任务：请你来处理</td></tr>
<tr><td>任务</td><td>场景：歌舞剧正在热闹地表演时，有位观众突然大声接打电话，明显影响到了其他人。
观察到此情景，你作为剧场服务人员应该如何做？</td></tr>
<tr><td>如何服务</td><td></td></tr>
<tr><td>细节</td><td></td></tr>
<tr><td>评价</td><td></td></tr>
<tr><td>任务总结</td><td colspan="2">通过完成上述任务，你学到了哪些知识和技能？</td></tr>
<tr><td>实施人员</td><td colspan="2"></td></tr>
<tr><td>任务点评</td><td colspan="2"></td></tr>
</table>

【点　睛】

这节课主要学习剧场服务礼仪，要求环境干净、空气流通、准备充足、迎宾热情、演出专业、维持秩序、引导有序、安全疏散。

【做中学　学中做】

角色准备：学生分成两组，一组扮演客人，一组担任服务人员。

训练目的：通过模拟练习掌握剧场服务礼仪。

礼仪要求：主动问候、热情服务，以良好的服务态度和礼仪规范对待客人。

训练程序：（1）分小组讨论，设计情境；（2）写出模拟对话过程；（3）两组学生互换角色，轮流表演；（4）学生点评，教师指导。

【知识链接】

知识链接 4.4.2.2

请扫码查看。

知识锦囊

任务 4.4.2.2

请扫码查看，并完成任务清单。

4.4.3 购物休闲服务礼仪

4.4.3.1 商店服务礼仪

知识目标

1. 熟悉了解商店的主要设施及区域功能。
2. 为客人创造轻松便利的休闲、购物环境。
3. 了解在客人购物过程中需要注意的事项。

能力目标

1. 熟悉商店服务的相关礼仪常识和规范。
2. 掌握商店服务人员的岗位职责与礼仪。

素质目标

1. 具备良好的服务意识与沟通技巧。
2. 具备较高的自我调节的能力，适应各岗位需要。

案例导入

一声“谢谢”

五一国际劳动节期间有一位顾客来收银台付款，我热情地接过顾客的小票，说：“您好，请付 600 元。”顾客拿出一张卡说：“刷卡。”

我接过顾客的卡麻利地进行操作，没想到小票没打印出来，我向顾客解释说这次交易没成功，顾客不理解地说：“怎么可能？我的消费短信都已经收到了。”我接着又仔细查了一遍，还是没有收款记录。便对顾客说：“不好意思，我这查询不到。我到财务部去查询，您稍微等一下，好吗？”

经过查询得知，今天银行系统有问题，所有的建行卡都不能用，所以刷卡消费功能也无法使用，等到明天会自动冲正。我急忙下来告诉顾客。顾客激动地说：“怎么可能？我的 600 元钱说没就没了？不行，你一定要把钱退给我，我不买了！”

因为是节日期间，收银台前排起了长队。我急忙向排队的顾客赔不是：“对不起，请大家稍等一会！”之后，我又继续帮助顾客联系，最终将顾客的联系方式留下来，同时也将我的联系电话留给对方，并告诉顾客说：“明天我和您联系。如果没有到账，我一定会负责到底，好吗？”这时，部门值班经理也将电话留给顾客，并说一定解决，请她放心。顾客这才很不乐意地离去。

望着顾客远去的背影，我觉得很难过。第二天上午 10 点钟我就打电话给顾客询问其银行卡是否冲正。顾客说：“到账了，昨天真不好意思，谢谢你！”一句简单的谢谢，让我很感动。我觉得自己的努力是值得的。

思考：

收银员的哪些做法符合礼仪规范？

任务清单

认知商店服务礼仪（表 4-32）

表 4-32　商店服务礼仪

项目名称	任务清单内容
任务情景	邮轮上的商店大多为免税店和精品店，在这里可以买到全球最新款或限量版的商品，保证正品。种类有名表箱包、珠宝首饰、名烟名酒、服装鞋帽、护肤化妆品、香水洗护、电子产品、家用电器、食品日用等。此外还有少量的甜品店、咖啡吧、速食店等。 商店里有导购员为客人热情地介绍商品的种类、材质、产地等，为客人挑选满意的产品提供试穿、试戴或试用服务（详情可咨询店员）。免税商品价格比一般商店或陆地上的免税店还要优惠，有时还会有限时打折促销活动，客人完全不用担心买贵。
任务目标	掌握并灵活运用商店服务礼仪到工作中。
任务要求	服务人员在导购过程中要坚持“主动、积极、热情”的原则。
任务思考	商店服务人员怎样保持良好的心态？

表 4-32（续）

<table>
<tr><th>项目名称</th><th>任务清单内容</th></tr>
<tr><td>任务实施</td><td>任务：请你来处理
<table><tr><td>任务</td><td>场景：一位女士试穿了很多衣服，都快堆成了小山。
如果你服务这位客人，观察到此情景，你应该如何做？</td></tr><tr><td>如何服务</td><td></td></tr><tr><td>细节</td><td></td></tr><tr><td>评价</td><td></td></tr></table></td></tr>
<tr><td>任务总结</td><td>通过完成上述任务，你学到了哪些知识与技能？</td></tr>
<tr><td>实施人员</td><td></td></tr>
<tr><td>任务点评</td><td></td></tr>
</table>

【点　睛】

商店礼仪要规范，热情服务来待客，语言沟通要文明。

主动服务来奉茶，举止动作要文雅，善始善终来送客。

【做中学　学中做】

角色准备：学生分成两组，一组扮演客人，一组担任服务人员。

训练目的：通过模拟练习掌握商店服务礼仪。

礼仪要求：主动问候、热情服务，以良好的服务态度和礼仪规范对待客人。

训练程序：（1）分小组讨论，设计情境；（2）写出模拟对话过程；（3）两组学生互换角色，轮流表演；（4）学生点评，教师指导。

【知识链接】

知识链接 4.4.3.1

请扫码查看。

知识锦囊

任务 4.4.3.1

请扫码查看，并完成任务清单。

4.4.3.2　SPA 服务礼仪

知识目标

1. 熟悉了解 SPA 服务场馆的主要设施及功能。

2. 为客人创造轻松、休闲、舒适的环境。

3. 了解 SPA 服务场馆在使用过程中需要注意的事项。

能力目标

1. 熟悉 SPA 服务场馆的相关礼仪常识和规范。

2. 掌握 SPA 服务场馆服务人员的岗位职责与礼仪。

素质目标

1. 具备良好的服务意识与沟通技巧。

2. 具备较高的自我调节的能力，适应各岗位需要。

案例导入

完美的SPA

老张和太太都是高校教授，今年刚从工作岗位上退休。忙碌的工作、平淡的生活持续了大半辈子，孝顺的女儿马上为父母定制了一场特别的游轮旅行。第一天晚上教授夫妇在港口登上邮轮的那一刻，就被庞大的邮轮震惊了——邮轮如同一个设施齐全的六星级度假酒店，可以用"豪华""精致""齐全""温馨"等各种美好的词汇去形容。这次女儿为他们预定的是带阳台的海景房，舱房十分精致，永远是干净的。

几天下来，教授夫妇已经把各式美食先品尝了一遍，甚至参加了由船长主持的"12人船长晚宴"。邮轮上的附属设施不可谓不齐全，你想得到的差不多都会有，如各种免税店、豪华剧场、乒乓球场、游泳池、九洞高尔夫等。

这天，教授夫妇打算做SPA，便来到游轮的水疗中心。这里的每一位工作人员脸上都带着温暖的笑容，大堂服务人员主动上前迎候，为他们奉上放有枸杞的花草茶，并用温和柔美的声音与教授夫妇交谈，耐心指导两位客人填写了详细的身体调查表。经过认真的沟通协商，两位老人选择了植物精油美体护理。预定好项目后，大堂服务人员又亲自将他们送至更衣室，交代了注意事项，并叮嘱水区工作人员要特别注意老人的安全后才离开。水区的工作人员也一样为教授夫妇提供了无微不至的服务。

洗浴完毕，理疗师已在门口微笑迎候，简短的自我介绍之后，将夫妇引领至SAP护理室。 理疗师用轻缓的语气介绍了该项目的操作流程和功效益处，并耐心地协助二老挑选了适合他们的护理产品，最后还询问了他们对于室内温度、光线等有无特别要求。两位理疗师手法非常专业，对老人之前强调过的护理偏好无一遗漏。

SPA护理过程中，理疗师还会贴心地询问教授夫妇的感受和意见。菲律宾籍的理疗师虽然中文不是特别标准，但却永远都在微笑。轻柔的音乐，自然的幽香，恰当的细语，护理做完张教授已经沉沉入睡了。理疗师向张太太会心地笑了笑，轻声交代了精油在身上停留的时间等后续事宜后，又低声叮嘱服务人员奉上柠檬水和精致点心，调整了室内温度，轻轻退出并关上了房门。

不一会儿，房间里竟然飘出张教授最喜欢的那首小夜曲。张太太透过落地窗望着深蓝色大海，突然有些疑惑：为什么每位员工的工作都能完成得如此完美？

思考：

案例中的工作人员在对客服务的哪几个环节中体现了邮轮星级服务的高标准？

任务清单

认知SPA服务礼仪（表4-33）

表4-33　SPA服务礼仪

项目名称	任务清单内容
任务情景	SPA来源于拉丁语，意为“健康之水”，即充分利用水的物理特性温度及冲击，来达到舒缓、理疗、保养、排毒、健身的功效。现代研究表明，在水中加入矿物、香薰、中药、鲜花等，可以预防和治疗疾病，延缓衰老，有助于释放负能量，净化身心，使人显得精力旺盛、充满活力。在高强度工作和生活压力下，人们希望通过SPA来达到放松、减压的效果。 SPA的内容包括脸部护理、音乐按摩、芳香疗法、淋巴排毒、水疗、泥疗、海洋疗法、瑜伽、五感疗法等，借助水、颜色、声音、光线、精油、矿物泥、富含能量的宝石等原料，配合按摩手法，疏通经络，做完后令人身体舒展、心情愉悦。 SPA的基础设施有各式汤池、木桶、按摩床、美容椅等，还设有更衣室、淋浴室、休息区等。
任务目标	掌握并运用SPA服务礼仪规范到工作中。
任务要求	技法娴熟、沟通良好、不谈隐私、适度推销、提升客人的服务体验。
任务思考	怎样提升客人的服务体验呢？

表 4-33（续）

<table>
<tr><th>项目名称</th><th>任务清单内容</th></tr>
<tr><td>任务实施</td><td>任务：请你来处理
<table><tr><td>任务</td><td>场景：一位客人要求在做 SPA 服务的时候，保持安静，不要跟她沟通，她需要休息一会。可是旁边的客人一直在喋喋不休地打电话。
观察到此情景，你作为 SPA 服务员应该如何做？</td></tr><tr><td>如何服务</td><td></td></tr><tr><td>细节</td><td></td></tr><tr><td>评价</td><td></td></tr></table></td></tr>
<tr><td>任务总结</td><td>通过完成上述任务，你学到了哪些知识与技能？</td></tr>
<tr><td>实施人员</td><td></td></tr>
<tr><td>任务点评</td><td></td></tr>
</table>

【点　睛】

这节课主要学习 SPA 服务礼仪，要求技法娴熟、沟通良好、不谈隐私、适度推销、提升 SPA 客人的服务体验。

【做中学　学中做】

角色准备：学生分成两组，一组扮演客人，一组担任服务人员。

训练目的：通过模拟练习掌握 SPA 服务礼仪。

礼仪要求：主动问候、热情服务，以良好的服务态度和礼仪规范对待客人。

训练程序：（1）分小组讨论，设计情境；（2）写出模拟对话过程；（3）两组学生互换角色，轮流表演；（4）学生点评，教师指导。

【知识链接】

请扫码查看。

知识链接 4.4.3.2

知识锦囊

请扫码查看，并完成任务清单。

任务 4.4.3.2

4.4.3.3 儿童托管中心和青少年活动中心服务礼仪

知识目标

1. 熟悉了解儿童托管中心和青少年活动中心的主要设施及功能。
2. 为客人创造轻松、休闲、舒适、安全的环境。
3. 了解在活动进行中需要注意的事项。

能力目标

1. 熟悉儿童托管中心和青少年活动中心的相关礼仪常识和规范。
2. 掌握儿童托管中心和青少年活动中心服务人员的岗位职责与礼仪。

素质目标

1. 具备良好的服务意识与沟通技巧。
2. 具备较高的自我调节的能力，适应各岗位需要。

案例导入

四颗糖的故事

陶行知任育才学校校长时，一次见一个男生想用砖头砸另一个男生，他及时制止了，并要这个男生到他办公室去。

学生来后，陶先生掏出一块糖说："这是奖给你的，因为你尊重我，听从了我的话。"然后又掏出第二颗糖："这也是奖给你的，因为你准时到了这里。"

男生深感意外时，他又掏出第三颗糖："据我了解，是那男生欺负一个女生，你才想用砖头砸他，这颗糖奖励你的正义感。"

男生感动得声泪俱下："老师，我知道错了……"

他又掏出第四颗糖："你敢于承认错误，这是奖给你的第四颗糖。"

思考：

1. 上面这个故事，带给你什么启示？

2. 在儿童托管中心如何有耐心地引导小朋友？

任务清单

认知儿童托管中心和青少年活动中心服务礼仪（表 4-34）

表 4-34　儿童托管中心和青少年活动中心服务礼仪

项目名称	任务清单内容
任务情景	邮轮上的儿童托管中心是专门为学龄前儿童打造的集幼教、游乐、休闲于一体的体验式托管机构，可以进行幼儿托管、早教、游戏运动、兴趣学习等活动。孩子们可以与他们心目中的英雄、喜欢的卡通形象互动交流，还有专门为孩子们设计打造儿童主题餐，深受孩子们的喜爱。家长只需要在白天规定的时间内将孩子送来，即可全程托管，至晚上营业结束，再将孩子接回。专业的儿童护理和教育专家会全程照顾好孩子，并合理安排孩子的休息和吃饭。 青少年活动中心是针对已入学的青少年年龄段的未成年人打造的，除了室内科学探险课堂、科学实验室、大型游戏设施等，还有室外的一些活动项目，比如跑道篮球场、乒乓球室等，还有的如皇家加勒比海洋系列的迷你高尔夫球场、迪斯尼邮轮上专门为孩子们打造的水上主题乐园等，都非常受青少年的喜爱。
任务目标	掌握并灵活运用儿童托管中心和青少年活动中心服务礼仪。
任务要求	热爱工作、耐心沟通、善于引导和鼓励、有责任心，有爱心。
任务思考	掌握儿童和青少年心理特点对开展工作有帮助吗？ 你认为做服务人员需要爱心和责任心吗？

表 4-34（续）

<table>
<tr><th>项目名称</th><th>任务清单内容</th></tr>
<tr><td>任务实施</td><td>任务：请你来处理
<table><tr><td>任务</td><td>场景：一天早上，三岁的燕燕被父母送至儿童托管中心。开始时她非常好奇地看看这儿摸摸那儿，半个小时后之后却开始哭闹着找妈妈，一直哭闹不停。
观察到此情景，你应该如何做？</td></tr><tr><td>如何服务</td><td></td></tr><tr><td>细节</td><td></td></tr><tr><td>评价</td><td></td></tr></table></td></tr>
<tr><td>任务总结</td><td>通过完成上述任务，你学到了哪些知识与技能？</td></tr>
<tr><td>实施人员</td><td></td></tr>
<tr><td>任务点评</td><td></td></tr>
</table>

【点　睛】

在儿童托管中心和青少年活动中心工作的服务人员要善于把握儿童和青少年的心理特点，耐心沟通、善于引导鼓励、有责任心、热爱本职工作。

【做中学　学中做】

角色准备：学生分成两组，一组扮演客人，一组担任服务人员。

训练目的：通过模拟练习掌握儿童托管中心和青少年活动中心服务礼仪。

礼仪要求：主动问候、热情服务，以良好的服务态度和礼仪规范对待客人。

训练程序：（1）分小组讨论，设计情境；（2）写出模拟对话过程；（3）两组学生互换角色，轮流表演；（4）学生点评，教师指导。

知识锦囊

任务 4.4.3.3

请扫码查看，并完成任务清单。

扫码查看答案

思考与练习

【任务 4.1　登船离船服务礼仪】练习题

一、填空

1. 高峰时段客人较多时，接待的顺序按照____________的原则进行。即手边接待一个人，嘴里招呼一个人，通过眼神、表情等向第三个人传递信息，使客人感受到尊重、不被冷落。
2. 解答客人问讯的方法可以分为口头解答和文字解答。口头解答包括电话问讯、广播通知，口头解答要求____。
3. 邮轮服务中要多使用_______、_______、_______、_______、_______等文明用语。
4. 双手递账单之后再双手递笔，应把笔套打开，___________________手拿笔上端，用___________手拿下端，留出中间位置请客人拿笔。一般情况下___________手递接为大礼，___________手为小礼，___________手为无礼。
5. ____________声之内接起电话，这是邮轮服务人员接听电话的硬性要求。

二、简答题

1. 简述邮轮的起航仪式包括哪些环节，这些环节有什么礼仪规范？
2. 简述前台接待的服务礼仪规范。
3. 简述邮轮问讯的服务礼仪规范。
4. 在收银服务中应该怎样将零钱找还给乘客？
5. 简述邮轮总机服务中主叫服务礼仪。
6. 简述邮轮总机服务中被叫服务礼仪。
7. 简述离船送别服务礼仪。
8. 为什么在航程结束乘客离船时要让乘客分批次下船？

三、综合训练

学生以班为单位分工合作，扮演不同角色。在实训室进行情景模拟，将乘客抵达邮轮登船大厅办理登船手续、托运行李、通关、旋梯登船、行李递送入客舱以及邮轮起航仪式整个过程串联起来，训练学生在各个服务环节所需遵循的礼仪规范，提高学生对邮轮服务礼仪重要性的认识。

扫码查看答案

【任务 4.2 国际邮轮餐厅服务礼仪】练习题

一、填空

1. 迎客时服务员在前,客人在后;服务员应走在客人________(方向)的________米处。
2. 服务人员铺口布、提供酒水服务、收撤脏餐具或更换烟缸时，应按照正确的服务顺序，一般从客人______________（方向）进行。
3. 如果客人点了整瓶酒，服务员要按________、________、________、________的服务程序为客人服务。
4. 葡萄酒开瓶的步骤为________、________、________、________。
5. 收瓶的要领是当酒瓶将离开酒杯昂起时，慢慢将瓶口向__________方向转动，如此才不会使留在瓶口边缘的酒液滴下弄污桌布。
6. 对于起泡的葡萄酒或香槟酒以及啤酒类，斟酒时应采用________法。
7. 示酒环节中依惯例先倾入约__________的酒在主人杯中，以表明此酒正常，等主人品尝同意后，再开始给全桌斟酒。
8. 斟酒时红葡萄酒入杯为______；白葡萄酒入杯为______；白兰地入杯为_______；软饮料________；啤酒________，且斟啤酒时泡沫不能溢出；香槟酒斟入杯中时，应先斟倒________，待酒中泡沫消退后再续斟至________即可。

二、简答题

1. 餐厅的引位服务有哪些礼仪要求?
2. 餐厅服务员怎样为客人拉椅让座?
3. 简述主餐厅中的餐中服务有哪些环节，这些环节都包含哪些礼仪规范?
4. 简述主餐厅中的餐后服务怎样体现规范?
5. 简述服务人员在自助餐厅的服务顺序。
6. 简述斟酒的顺序是什么？亚洲地区和欧美地区有什么区别?
7. 简述各种酒水的斟酒量。

三、综合练习

1. 以小组为单位进行斟酒练习，最后评比出最佳斟酒小组和最美斟酒员。
2. 模拟演练主餐厅餐前服务、餐中服务、餐后服务的场景，并把礼仪规范运用其中。

【任务 4.3 国际邮轮客舱服务礼仪】练习题

扫码查看答案

一、填空

1. 邮轮客舱部服务员先要突出________两字，实行情感服务，避免单纯的为完成任务而服务。
2. 邮轮客舱部应该做到______、______、______、______，始终为客人保密。
3. 若邮轮客舱内仍无动静，客舱服务员可以开门进房。开门时，应先将客舱门打开______角，用手再次轻敲客舱门，同时通报身份，并注意观察房内情况，不要猛地推开门。

二、简答题

1. 作为一名优秀的客舱服务人员应该具备哪些素质？
2. 简述引领客人乘坐不同电梯的规范做法。
3. 简述送客服务有哪些环节，这些环节有什么礼仪规范？
4. 简述借用物品有哪些环节，这些环节有什么礼仪要求？
5. 简述客舱送餐服务有哪些环节，这些环节有什么注意事项？并编写客舱送餐礼仪要领。
6. 编写客舱清洁服务礼仪口诀。
7. 清扫客舱时如果遇到客人搭讪聊天，客舱服务员应该如何应对？

三、案例分析题

上午10点，客舱服务员小王正在做上午的例行清扫工作。当小王来到308号客舱时，客人不在客舱里。按照敲门程序开门进房后小王就开始忙碌起来。过了一会儿，一位先生走进了客舱，坐在床上对小王说："服务员，你动作快点，我想休息！"小王连忙礼貌地向客人道歉："对不起，先生，给您添麻烦了！我会尽快清扫干净。"于是他加快了清扫的速度，匆匆打扫完客舱，再次向客人道歉后就转身离开了客舱。

中午，邮轮客舱部经理接到308号客舱客人投诉：在他上午离开客舱到娱乐中心活动时，放在客舱里的笔记本电脑和现金被偷了。而小王也发现，来投诉的308号客舱的客人根本不是自己上午清扫客舱时遇到的那位"客人"。

小王按照礼仪标准为客人提供服务，为什么却让不法分子乘虚而入？该如何保持客舱服务礼仪的同时又能避免这种情况的发生呢？

四、综合训练

将学生分组，每组 6 ~ 8 人，分别扮演邮轮客舱服务员和各种类型的邮轮客人。模拟客舱服务中心、客舱迎送服务、客舱送餐服务、客舱借用物品服务、客舱清洁服务等环节，让学生体会到礼仪在客舱服务中的重要性。小组互评结合教师评价，评选出最佳服务小组和服务明星，教师进行总结发言。

扫码查看答案

【任务 4.4　娱乐休闲服务礼仪】练习题

一、简答题

1. 简述溜冰场岗位服务礼仪。

2. 简述邮轮商店服务礼仪。

二、案例分析题

坐在游泳池边上的救生员

某邮轮游泳池的员工休息室里，一名救生员正在被部门主管训斥。原来，在前几天邮轮进行突击检查时，部门经理发现这名救生员居然坐在游泳池边跷着二郎腿和客人聊天，完全违反了员工仪表的有关要求，也违背了救生员的岗位职责，于是当场对他提出了严重的警告。这名救生员也因此被部门领导点名批评，予以处罚，还差一点丢掉了工作。

思考：

1. 该救生员为什么被严厉处罚？

2. 对于该救生员的行为，除了处罚以外，还有什么方法可帮助其改正？

项目 5　主要客源国礼仪习俗

任务 5.1　亚洲主要客源国礼仪习俗

知识目标

掌握亚洲主要客源国和地区的礼仪、习俗与禁忌。

技能目标

能够正确运用亚洲主要客源国礼仪做好邮轮服务工作。

素质目标

塑造良好的邮轮服务人员形象。

案例导入

百合花语

一对日本夫妇即将在邮轮特色餐厅里举行结婚纪念周年庆典，餐厅服务员们正忙碌地布置着餐厅，他们将餐厅的小舞台用各色鲜花布置得特别美丽。宴会即将开始前，满心欢喜的日本夫妇来看餐厅的布置情况，当他们看到舞台边的一朵朵百合花时，两人都十分愤怒，可想而知结果将会怎样。

思考：

日本夫妇为什么在看到百合花时会如此愤怒？

分析提示：

百合花在西方被称为圣母之花，“圣母”是清纯的象征，因此百合花的花语就是纯洁，具有百年好合之意，含有深深祝福的意思。餐厅服务员用百合花来布置餐厅，原本是一番美意，但他们却不知道百合花在日本被认为是很不祥的花。在日本，百合花的花语是“斩头”。因此服务员们的一番美意才会如此不受欢迎。由此可见，和异国人交往的人，尤其是涉外接待服务人员，一定要熟悉各国的礼仪，才不至于弄出如该邮轮餐厅那样尴尬的事情。

任务清单

认知亚洲主要客源国礼仪习俗（表 5-1）

表 5-1　亚洲主要客源国礼仪习俗

项目名称	任务清单内容
任务情景	近几年，邮轮业已成为现代旅游业中最为活跃、发展最为迅猛的产业之一，被称为“漂浮在黄金水道上的黄金产业”。目前国际邮轮市场“东移”特征明显，亚洲及大洋洲邮轮旅游市场规模增速远超欧美地区，为了让客人享受到更优质的服务，邮轮服务人员唯有做好充分准备，才能将服务接待工作做得更好、更细致。
任务目标	服务接待前我们需要做好充足的准备，包括了解亚洲主要客源国的基本概况；了解主要客源国的礼仪与习俗特点，包括见面、餐饮等相关的礼仪习俗与禁忌。
任务要求	掌握日本、韩国、越南、泰国和新加坡的礼仪习俗与禁忌要求。
任务思考	你知道哪些关于日本、韩国、越南、泰国和新加坡的礼仪习俗及禁忌吗？

表 5-1（续）

项目名称	任务清单内容
任务实施	模拟情景：某邮轮公司近期需要接待来自日本、韩国、越南、泰国和新加坡等国的旅游团队，邮轮公司各部门的服务人员应该注意哪些问题？ （教师事先将学生分成六个小组，每一组负责一个国家旅游团队的接待，最后一个小组模拟客人） 任务要求： 1. 事先了解各国的礼仪习俗和禁忌。 2. 针对不同客源国制订前厅接待工作计划。 3. 针对不同客源国安排客人的饮食。 4. 将接待流程形成文字，做好接待计划。 5. 各组情景模拟为各国客人提供前台接待、餐厅服务。 6. 模拟客人小组记录下其他每一个小组接待过程中的优缺点。
任务总结	通过完成上述任务，你学到了哪些知识与技能？
实施人员	
任务点评	

【点　睛】

本节课主要学习亚洲主要客源国日本、韩国、越南、泰国和新加坡的礼仪习俗与禁忌知识。同学们需要正确把握客源国礼仪与习俗的内涵及礼仪禁忌，更好地进行邮轮接待服务工作。

【做中学　学中做】

请根据教师对客源国知识的讲解与学生进行的情景模拟练习，归纳总结亚洲主要客源国的礼仪习俗，填写表 5-2。

表 5-2　总结亚洲主要客源国礼仪习俗

国　家	礼仪习俗

知识锦囊

任务 5.1

请扫码查看，并完成任务清单。

任务 5.2　大洋洲主要客源国礼仪习俗

知识目标

掌握大洋洲主要客源国和地区的礼仪、习俗与禁忌。

技能目标

能够正确运用大洋洲主要客源国礼仪做好邮轮服务工作。

素质目标

塑造良好的邮轮服务人员形象。

案例导入

不合时宜的兔子

某邮轮客舱部服务员们正忙碌地布置着亲子套房，客舱内显得十分温馨，有各种卡通的毛绒玩具和各色气球，客舱部服务员还将洗浴毛巾折叠成一只只可爱的小兔子造型摆放在床上。一个来自澳大利亚的家庭兴高采烈地打开客舱门，但当他们看到客舱内的布置时，却怎么也高兴不起来。

思考：

为什么澳大利亚客人在看到客舱的布置后会不高兴？

分析提示：

兔子在中国寓意着吉祥、可爱、温顺，因此在有儿童的场合时，我们便会选择兔子造型进行布置。原本是一片好意，但澳大利亚人忌讳兔子及兔子图案，他们认为遇到兔子是厄运来临的征兆，因此客人看到这样的客舱布置很不高兴。

本案例告诉我们，在服务接待中，我们必须提前了解客人所在国家的风俗习惯与禁忌，这是对他们的尊重。

任务清单

认知大洋洲主要客源国礼仪习俗（表 5-3）

表 5-3　大洋洲主要客源国礼仪习俗

项目名称	任务清单内容
任务情景	目前国际邮轮市场“东移”特征明显，亚洲及大洋洲邮轮市场规模增速远超欧美地区。在过去的十年里，澳新地区的游客数量年均增速为 20%。 如何做才能将服务接待工作做得更好、更细致呢？
任务目标	服务接待前我们需要做好充足的准备，包括了解大洋洲主要客源国的基本概况；了解主要客源国的礼仪与习俗特点，包括见面、餐饮等相关的礼仪习俗与禁忌。
任务要求	掌握澳大利亚和新西兰的礼仪习俗与禁忌。
任务思考	你知道哪些关于澳大利亚和新西兰的礼仪习俗与禁忌吗？

表 5-3（续）

项目名称	任务清单内容
任务实施	模拟情景：某邮轮公司近期需要接待来自澳大利亚和新西兰的旅游团队，邮轮公司各部门的服务人员应该注意哪些问题？ （教师事先将学生分成五个小组，每两组负责一个国家旅游团队的接待，最后一个小组模拟客人） 任务要求： 1. 事先了解各国的礼仪习俗和禁忌。 2. 针对不同客源国制订前厅接待工作计划。 3. 针对不同客源国安排客人的饮食。 4. 将接待流程形成文字，做好接待计划。 5. 各组情景模拟为各国客人提供前台接待、餐厅服务。 6. 模拟客人小组记录下其他每一个小组接待过程中的优缺点。
任务总结	通过完成上述任务，你学到了哪些知识与技能？
实施人员	
任务点评	

【点　睛】

本节课主要学习大洋洲主要客源国澳大利亚和新西兰的礼仪习俗与禁忌知识。同学们需要正确把握客源国礼仪与习俗的内涵及礼仪禁忌，更好地进行邮轮接待服务工作。

【做中学　学中做】

请根据教师对客源国知识的讲解与学生进行的情景模拟练习，归纳总结大洋洲主要客源国的礼仪习俗，填写表 5-4。

表 5-4　总结大洋洲主要客源国礼仪习俗

国　家	礼仪习俗

知识锦囊

任务 5.2

请扫码查看，并完成任务清单。

任务 5.3　北美洲主要客源国礼仪习俗

知识目标

掌握北美洲主要客源国和地区的礼仪、习俗与禁忌。

技能目标

能够正确运用北美洲主要客源国礼仪做好邮轮服务工作。

素质目标

塑造良好的邮轮服务人员形象。

案例导入

数字的禁忌

1973年，美国前总统尼克松访华。周总理为了接待好尼克松及其随行人员，专门研究了美国行政机构内部奇怪的相互制约和平衡机制，并体现在住处的安排上——尼克松、基辛格及白宫来的工作人员住在钓鱼台国宾馆18号楼；国务卿和他的随行人员住在不远处的一幢稍小的6号楼。这样的安排，赢得了尼克松的信任与尊重，为中美首脑的首次会晤营造了良好的氛围。而尼克松也为了入乡随俗，与夫人一起苦练筷子的使用方法。

思考：

你知道哪些关于美国人的数字禁忌吗？

分析提示：

每个国家和民族都有其独特的习俗和禁忌，大到国家，小到个人，与之交往都需熟悉必要的礼仪。如美国人不喜欢13这个数字，和他们相处就须避开该数字，否则事情就会搞砸。基于此，尼克松第一次访华时，我们才特意去研究这些礼仪，这赢得了他们的信任与尊重，也迎来了中美两国人民友谊的开端，由此也说明了熟悉客源国礼仪的重要性。

任务清单

认知北美洲主要客源国礼仪习俗（表 5-5）

表 5-5　北美洲主要客源国礼仪习俗

项目名称	任务清单内容
任务情景	北美洲是主要的邮轮市场，全球三大邮轮公司就有两个的总部位于北美洲。美国和加拿大邮轮产业的蓬勃发展以及加勒比海等邮轮旅游地区的兴盛，使北美洲一直是世界邮轮市场的重心，2010 年北美地区邮轮游客量占全球邮轮游客总量的 60% 以上。
任务目标	服务接待前我们需要做好充足的准备，包括了解北美洲主要客源国的基本概况；了解主要客源国的礼仪与习俗，包括见面、餐饮等相关的礼仪习俗与禁忌。
任务要求	掌握加拿大和美国的礼仪习俗与禁忌要求。
任务思考	你知道哪些关于加拿大和美国的礼仪习俗及禁忌吗？

表 5-5（续）

项目名称	任务清单内容
任务实施	模拟情景：某邮轮公司近期需要接待来自加拿大和美国的旅游团队，邮轮公司各部门的服务人员应该注意哪些问题？ （教师事先将学生分成五个小组，每两组负责一个国家旅游团队的接待，最后一个小组模拟客人） 任务要求： 1. 事先了解各国的礼仪习俗和禁忌。 2. 针对不同客源国制订前厅接待工作计划 。 3. 针对不同客源国安排客人的饮食。 4. 将接待流程形成文字，做好接待计划。 5. 各组情景模拟为各国客人提供前台接待、餐厅服务。 6. 模拟客人小组记录下其他每一个小组接待过程中的优缺点。
任务总结	通过完成上述任务，你学到了哪些知识与技能？
实施人员	
任务点评	

【点　睛】

本节课主要学习北美洲主要客源国加拿大和美国的礼仪习俗与禁忌知识。同学们需要正确把握客源国礼仪与习俗的内涵及礼仪禁忌，更好地进行邮轮接待服务工作。

【做中学　学中做】

请根据教师对客源国知识的讲解与学生进行的情景模拟练习，归纳总结北美洲主要客源国的礼仪习俗，填写表 5-6。

表 5-6　总结北美洲主要客源国礼仪习俗

国　家	礼仪习俗

知识锦囊

请扫码查看，并完成任务清单。

任务 5.3

任务 5.4　欧洲主要客源国礼仪习俗

知识目标

掌握欧洲主要客源国和地区的礼仪、习俗与禁忌。

技能目标

能够正确运用欧洲主要客源国礼仪做好邮轮服务工作。

素质目标

塑造良好的邮轮服务人员形象。

案例导入

菊花的习俗

有一次，在接待来华的意大利游客时，旅行社给每位客人准备了一件小礼品——是由杭州名厂制作的纯丝手帕，上面绣着菊花图案，并装在特制的纸盒内，显得十分美观大方。

接到礼品后，旅游团内一片哗然，客人显得很不高兴，特别是一位夫人大声叫喊起来，表现得极为气愤，还有些悲伤。旅游团接待人员慌了，好心送人家礼物，不但得不到感谢，怎么还出现了这般情况？

思考：

意大利旅游团游客为什么在看到手帕时会如此愤怒？

分析提示：

手帕在意大利等一些西方国家意为"擦掉惜别的眼泪"，是亲朋好友相聚一段时间后，告别时才会送的礼物。本案例中意大利游客兴冲冲地踏上中国大地，刚准备开始愉快的旅行时，接待人员就让大家"擦掉离别的眼泪"，客人们当然是不高兴的。同时手帕上面还绣着菊花图案，菊花在中国是高雅的花卉，但在意大利则是祭奠亡灵的，客人怎能不愤怒？本案例告诉我们：在旅游接待时，要了解并尊重外国人的风俗习惯，这样做是对他们的尊重。

任务清单

认知欧洲主要客源国礼仪习俗（表 5-7）

表 5-7　欧洲主要客源国礼仪习俗

项目名称	任务清单内容
任务情景	欧洲是仅次于北美洲的全球第二大邮轮旅游客源地和目的地，北欧是欧洲最受欢迎的目的地，波罗的海沿岸国家港口是邮轮挂港最多的地方。据欧洲邮轮理事会的数据显示，近年欧洲邮轮业呈现快速增长，每年乘坐邮轮旅游的欧洲人约有 550 万人（与 2009 年相比增长了 10%），占全球邮轮乘客总数的 30%。
任务目标	服务接待前我们需要做好充足的准备，包括了解欧洲主要客源国的基本概况；了解主要客源国的礼仪与习俗特点，包括见面、餐饮等相关的礼仪习俗与禁忌。
任务要求	掌握英国、法国、意大利、德国和俄罗斯的礼仪习俗与禁忌要求。
任务思考	你知道哪些关于英国、法国、意大利、德国和俄罗斯的礼仪习俗及禁忌吗？

表 5-7（续）

项目名称	任务清单内容
任务实施	模拟情景：某邮轮公司近期需要接待来自英国、法国、意大利、德国、俄罗斯的旅游团队，邮轮公司各部门的服务人员应该注意哪些问题？ （教师事先将学生分成六个小组，每组负责一个国家旅游团队的接待，最后一个小组模拟客人） 任务要求： 1. 事先了解各国的礼仪习俗和禁忌。 2. 针对不同客源国制订前厅接待工作计划 。 3. 针对不同客源国安排客人的饮食。 4. 将接待流程形成文字，做好接待计划。 5. 各组情景模拟为各国客人提供前台接待、餐厅服务。 6. 模拟客人小组记录下其他每一个小组接待过程中的优缺点。
任务总结	通过完成上述任务，你学到了哪些知识与技能？
实施人员	
任务点评	

【点　睛】

本节课主要学习欧洲主要客源国英国、法国、意大利、德国和俄罗斯的礼仪习俗与禁忌知识。同学们需要正确把握客源国礼仪与习俗的内涵及礼仪禁忌，更好地进行邮轮接待服务工作。

【做中学　学中做】

请根据教师对客源国知识的讲解与学生进行的分组情景模拟练习，归纳总结欧洲主要客源国的礼仪习俗，填写表 5-8。

表 5-8　总结欧洲主要客源国礼仪习俗

国　家	礼仪习俗

知识锦囊

请扫码查看，并完成任务清单。

任务 5.4

思考与练习

一、单项选择题

1.（　）的传统见面礼是“摸手礼”。

A. 新加坡　B. 新西兰　C. 马来西亚　D. 澳大利亚

2. 毛利人传统迎宾礼是（　）。

A. 碰鼻礼　B. 勾手礼　C. 鞠躬昂首礼　D. 合十礼

3. 矢车菊是（　）的国花。

A. 日本　B. 澳大利亚　C. 美国　D. 德国

4.（　）的最高的迎宾礼是献上面包和盐。

A. 加拿大　B. 中国　C. 俄罗斯　D. 意大利

二、多项选择题

1. 日本鞠躬礼主要有（　）。

A. 15 度鞠躬礼　B. 35 度鞠躬礼　C. 45 度鞠躬礼　D. 90 度鞠躬礼

2.（　）不喜欢数字“13”和“星期五”。

A. 美国　B. 法国　C. 意大利　D. 俄罗斯

3.（　）不吃狗肉及动物内脏。

A. 澳大利亚　B. 美国　C. 中国　D. 韩国

4.（　）忌讳他人用手触摸头部。

A. 新西兰　B. 泰国　C. 马来西亚　D. 澳大利亚

5. 澳大利亚口味清淡，不喜欢油腻食物，喜欢中国水饺以及（　）。

A. 京菜　B. 淮扬菜　C. 浙菜　D. 沪菜

三、判断题

1. 越南人喜欢生冷酸辣的菜，越南菜以味浓著称。（　）

2. 加拿大人朴实好客，见面一般行拥抱礼。（　）

3. 英国人不吃狗肉，喜食吃带有辣味和黏汁的菜肴。（　）

4. 法国人在接受礼物时必须当着送礼者的面打开其包装。（　）

四、简答题

比较欧美各国的见面礼俗的异同。

项目 6　求职面试礼仪

任务 6.1　面试前礼仪

知识目标

1. 了解面试的资料准备、形象准备、心理准备。
2. 了解邮轮公司的招聘程序。

技能目标

1. 掌握简历的撰写方式。
2. 根据岗位的需求设计自己的面试形象。

素质目标

培养学生正确的面试审美观。

案例导入

面　试

林娜大学时就听人说就业不容易，她毕业前投了很多简历，但都石沉大海，没有结果。后来好不容易盼来两次机会，可是都因为没有做过面试辅导，面试时出了很多问题，自己明明感觉不错，可就是没通过。于是她找到职业顾问进行咨询，才知道这里面有很多学问。于是她参加了面试辅导，从头到尾对面试前、面试过程、面试之后的所有要求、做法和问题进行了全方位辅导，又针对专业和职位进行了场景训练。再次面试时她心中有了底，心态也非常好，信心十足、面带微笑、语气和缓、应付自如，不但顺利通过面试，还得到面试官赞许的眼光。林娜高兴极了，因为她终于用专业的求职者的姿态，在众多竞争者中脱颖而出，进入了一家知名的公司，在同学中最先找到了适合自己的工作。

思考：

林娜面试成功的原因是什么？

分析提示：

面试给公司和应聘者提供了双向交流的机会，能使公司和应聘者之间相互了解，从而双方都可更准确做出聘用与否、受聘与否的决定。这个过程中，谁懂得礼仪，谁就容易拿到高分，就能最先通过面试，找到合适的工作。你要在整个面试过程中表现得更专业，才能击败竞争对手，求职成功。

任务清单

认知面试前礼仪（表 6-1）

表 6-1 面试前礼仪

项目名称	任务清单内容
任务情景	都说“不打无准备之战”，其实，面试也是一个战场，一方使出浑身解数展现自己的能力，一方手握大权抛出连珠炮似的问题。要想在这场战争中获胜，首先必须做好充分的准备，唯有做好准备，才能在面试中从容应对，尽自己最大努力，掌握面试礼仪，赢得这场博弈。
任务目标	面试之前需要我们做充足的准备，包括：资料准备，特别是简历的撰写；形象准备，包括衣着和发型的设计；心理准备等。这些都是可以帮助学生更加自信从容地迎接面试的敲门砖。
任务要求	掌握简历的正确写法；设计符合自己应聘岗位的形象；调节面试前的紧张心情。
任务思考	如何撰写一份高质量的简历？

表 6-1（续）

<table>
<tr><th>项目名称</th><th>任务清单内容</th></tr>
<tr><td>任务实施</td><td>1. 面试前的资料准备
求职者在面试过程中的必备材料应包括各种证书、成绩单、推荐信、一份完整的简历。
2. 面试前的形象准备
求职者的形象给面试官印象的好坏，关系到其能否顺利入职，找到一份满意的工作。为此，毕业生在面试前对个人形象的设计是有必要的。但是，并非所有的“包装”都能奏效，应根据个人的具体情况和求职目标，选择得体的服装、发型、妆容，给面试官留下良好的印象。
3. 面试前的心理准备
面试之前，求职者首先要保持冷静，正确客观地分析、认识和评价自我，对自身的学识、能力、品德等有一个综合性的客观评价，想清楚“自己想干什么”“自己能干什么”，找准位置和方向，树立合理的期望值，使自己在择业时心中有数，把自己摆在合适的位置上去求职。其次，要树立自信心，在准确定位的情况下，勇于接受挑战，主动出击，参与竞争，相信自己通过大学的能力培养，什么都可以学会，力争学习中求精通。再次，要提高心理承受能力，做好失败不气馁，成功不骄傲，面对现实，勤于思考和善于总结，积极面对挑战。
4. 邮轮公司的招聘程序
（1）发布信息。
（2）初步筛选。
（3）审核资料。
（4）面谈与测试。
（5）体格检查。
（6）正式聘用。</td></tr>
<tr><td>任务总结</td><td>通过完成上述任务，你学到了哪些知识与技能？</td></tr>
<tr><td>实施人员</td><td></td></tr>
<tr><td>任务点评</td><td></td></tr>
</table>

【点　睛】

本节课主要学习面试前的准备，包括材料的准备，其中个人简历是评判和考察求职者的首面镜子，需要对个人学历、经历、特长、爱好以及其他有关情况做出简明扼要的介绍。面试的形象设计要稳中取胜，给人“信得过”的心理感应，最忌讳把面试当秀场，打扮得另类和前卫。面试之前要调整自己的心理状态，做到自信不自负，从容迎接面试。

【做中学　学中做】

先由教师对面试前的礼仪知识进行讲解，引导学生对案例进行分析，然后学生对材料和形象进行准备后，以 5~6 人为一组，进行分组练习。练习的场景主要是小组成员依次向大家展示自己的面试材料和面试形象，其他成员共同探讨，教师点评。课后每位学生应写出实训报告。

知识锦囊

任务 6.1

请扫码查看，并完成任务清单。

任务 6.2 面试中礼仪

知识目标

1. 了解面试的规矩。
2. 知道邮轮面试常问的一些问题。

技能目标

掌握面试的仪容仪态。

素质目标

结合自身特点形成内外兼修的自我修养观念。

案例导入

失去机会

某邮轮公司要面向社会招一批邮轮乘务员，前来报名的人络绎不绝。有几个女孩心想，邮轮乘务员是多么时髦的职业啊，招的都是那些漂亮的女孩。于是，几个姑娘就到美容院将自己浓妆艳抹地打扮了一番，就像电视剧里的明星。她们高高兴兴地来到报名地点，工作人员让她们在门口等待，她们便找了凳子坐下，然后跷起二郎腿，随意说笑着。工作人员见状连报名的机会都不给她们，便让她们离开了。

思考：

几名女孩失去面试机会的原因是什么?

分析提示：

面试时，合乎自身形象的着装会给人以干净利落、有精神的印象，应显得干练大方，同时要注意自身的仪态。

任务清单

认知面试中礼仪（表 6-2）

表 6-2　面试中礼仪

项目名称	任务清单内容
任务情景	“百闻不如一见”，就是说即便你听人家一直讲，也不如你亲眼看一次体会更深。同样，一个企业在招聘新职员时，就是通过面试来作为最直观的判断。 对一个应聘者的判断，通过对应聘者简历，就可以从某种程度上了解他的专业和背景。但仅仅依靠简历是不能决定聘用与否的。现实是，企业即使从应聘者的简历情况来看，其条件都无可挑剔，也必须对应聘者进行面试，这是招聘的原则。有些企业在招聘中，可以忽略笔试，但决不忽略面试，从中可以看出面试的重要性。 在面试中，考官主要考察的是应聘者的“第一印象”“能力”“相貌”“笔试中了解不到的方面”等。
任务目标	通过对面试礼仪的学习，掌握面试的仪容仪态、规矩、成功面试的策略，帮助学生在日后的面试中能够游刃有余，赢得面试的成功。
任务要求	掌握面试的开始阶段、核心阶段、收尾阶段的要求和礼仪，为面试实战做准备。
任务思考	获得面试成功的技巧有哪些？

表6-2（续）

<table>
<tr><th>项目名称</th><th>任务清单内容</th></tr>
<tr><td>任务实施</td><td>1. 面试的规矩有哪些
（1）面试前
参加面试前最好独自前往，更能表现真实的自我。注意遵守时间，一般要提前到达，不要迟到，到达面试点后主动道明来意，告知接待员你是来应聘的，对所有职员保持礼貌，因为他们可能会成为你的同事。进门前先敲门，和面试官礼貌地打招呼。
（2）面试时
被面试官邀请时礼貌坐下，注意坐姿要端正，切忌抖腿或跷二郎腿，留意自己的身体语言，要大方得体，不要紧张，保持自信和自然的笑容。切忌一些缺乏自信的小动作，比如看表，玩弄圆珠笔、戒指等其他物品，搓手、手臂交叉、眼光向下。
（3）面试结束时
求职者一边徐徐起立，一边以眼神正视对方，不论面试结果如何，面试结束离开时勿忘说一声“谢谢”。
2. 其他注意事项
不要打断面试官的话，不要表现出不耐烦或惊讶，更不要因面试官不赞同你的意见而惊慌失措。
3. 邮轮面试常见的问题</td></tr>
<tr><td>任务总结</td><td>通过完成上述任务，你学到了哪些知识与技能?</td></tr>
<tr><td>实施人员</td><td></td></tr>
<tr><td>任务点评</td><td></td></tr>
</table>

【点　睛】

本节课主要学习面试中的礼仪和规矩，面试前尽快适应环境，消除紧张情绪；面试时正确有效地倾听，冷静客观地回答；面试后自然结束面试，礼貌向考官致谢。

【做中学　学中做】

先由教师对面试中的礼仪知识进行讲解，引导学生对案例进行分析，然后学生以 5~6 人为一组，进行分组模拟练习。练习的场景主要为面试礼仪，包括面试前的准备，面试中的策略，面试后的反馈。最后请表现最为优秀的学生为大家做示范演示，由教师进行点评。课后每位学生应写出实训报告。

知识锦囊

请扫码查看，并完成任务清单。

任务 6.2

任务 6.3　面试后礼仪

知识目标

了解面试结束后应该做的几件事。

技能目标

掌握面试结束后的礼仪。

素质目标

培养学生做事有始有终。

案例导入

成功的面试

学习广告专业的庭锋临毕业时，打算去一家外资广告公司应聘。他特别希望进入这家公司，于是为面试做了很多准备——他详细了解了这家公司经营的业务，将该公司的经营理念、团队口号等打印出来反复阅读；他分析了该公司过去的成功作品，又将自己不太熟悉的专业理论认真学习了一番；他还上网浏览了该公司的所有网页，深入地了解该公司的经营情况、人文环境和企业文化。此外，他还设想了公司招聘时可能提出的许多问题。面试那天，庭锋身穿职业装，神采飞扬地出现在招聘现场，有备而来的他给考官留下了很好的印象，扎实的基本功和干脆利落的回答让考官非常满意，最后面试官还给了他一张名片，让他保持联系，大概一周内会有结果通知他。

但是，一个星期过去了，两个星期过去了，杳无音信，而他在等待的过程中还放弃了其他面试的机会，无奈中，他又继续翻阅招聘广告，但是都不合适，这时庭锋才知道，他有多在乎这份工作。于是他找到之前面试官的名片，写了一封感谢信给当天的面试官，当发完电子邮件后，他的心里一阵轻松。

第二天早上，庭锋接到了面试官的电话，面试官说："祝贺你被录用了，恭喜你。"庭锋有点不太相信，怎么会这么神奇，他压抑住自己的情绪，平静地问面试官为什么会录用他。面试官说，因为上次过来应聘的优秀者太多，他们也很难选择，有三个最终人选，庭锋是其中一个，本来还想多组织一次复试，但是因为昨天的感谢信，他们领导觉得庭锋是一个有头有尾的人，以真诚的态度将求职工作做得尽善尽美，哪怕有百分之一的可能性，也要用百分之百的努力去争取，跟公司这个岗位的匹配度很高，所以领导直接就让庭锋过来上班了。

一般而言，面试官让求职者等通知，有多种可能性：不会录取；给你面试的人不是负责人，拿不了主意，还需要请示领导；公司对你不是特别满意，希望再多面试一些人，把你当作备选，如果有比你更好的就不用你了，没有的话会找你；公司需要对面试过并留下来的人进行重新选择，可能会安排二次面试。

任务清单

认知面试后礼仪（表 6-3）

表 6-3　面试后礼仪

项目名称	任务清单内容
任务情景	面试结束，似乎可以松一口气了，剩下的听天由命吧。如果你有这样的想法，就大错特错了。虽然面试过程是决定录取与否的最重要的因素，但面试结束不意味求职结束。面试结束，你还有很多事情要做，而且这些事情也很重要。一封真诚的感谢信，会让面试官觉得你积极认真，从而再次加深对你的印象。如果面试失败了，我们也没必要灰心丧气，而是从中吸取教训，再接再厉。
任务目标	面试结束后的善后工作同样重要，知道面试结束后该做的几件事，为成功面试增加砝码。
任务要求	掌握面试结束后应该做的五事情。
任务思考	面试失败，你该有哪些思考？

表 6-3（续）

项目名称	任务清单内容
任务实施	面试结束后应做的五件事 1. 感谢 面试后表示感谢是十分重要的，因为这不仅是礼貌之举，也会使主考官在做决定之时对你有印象，增加求职成功的可能性。面试后一两天内，最好给招聘人员打个电话或写信表示感谢。感谢电话要简短，最好不要超过 5 分钟。 2. 不要过早打听面试结果 在一般情况下，考官组每天面试结束后，都要进行讨论和投票，然后送人事部门汇总，可能要等 3~5 天。求职者在这段时间里一定要耐心等候消息，不要过早打听面试结果。 3. 收拾心情 面试回来后，你虽然已经完成了一次面试，但这只是求职的一个阶段。如果你同时向几家公司求职，则必须收拾心情，全身心投入第二家公司的面试。 4. 查询结果 一般来说，如果在面试两周后或在主考官许诺的通知时间到了，你还没有收到对方的答复时，就应该打电话给招聘主管，询问是否已做出了决定。 5. 做好再冲刺的准备 如果面试失败了，不要气馁，这只能说明这个岗位不适合你。一次失败不重要，关键是必须总结经验教训，并针对这些不足重新准备，在下一次面试中不犯同样的错误。
任务总结	通过完成上述任务，你学到了哪些知识与技能？
实施人员	
任务点评	

【点　睛】

本节课主要学习面试结束后的礼仪和要做的事情，知道面试结束之后的工作对面试的成败也会有一定的影响。

【做中学　学中做】

先由教师对面试结束后的礼仪知识进行讲解，通过对案例进行分析，总结面试成功与失败的原因，然后学生进行模拟练习。练习的场景主要为面试结束后的礼仪，包括如何写感谢信或打感谢电话，以及对自己面试不足的分析。教师进行点评。课后每位学生应写出实训报告。

知识锦囊

任务 6.3

请扫码查看，并完成任务清单。

扫码查看答案

思考与练习

一、判断题

1. 求职资料包括：简历、成绩单、证书、推荐书等。（ ）

2. 春、秋、冬季，男士面试最好穿正式的西装。（ ）

3. 女士面试时佩戴的饰物只要注意与服装整体搭配就可以。（ ）

二、多选题

1. 面试的时候哪些行为要避免（ ）。

A. 拖拉椅子、发出很大的噪声　　B. 半躺半坐，跷二郎腿

C. 一屁股坐在椅子上　　D. 腿脚颤动或晃动

2. 学习求职礼仪的目的是（ ）。

A. 提高个人素质　　B. 维护求职形象

C. 便于理解应用　　D. 有利于求职成功

三、简答题

参加求职面试时，求职者要注意掌握哪些应试技巧？

四、案例分析题

曾有一名女生因穿着超短裙参加招聘面试惨败而归。主考官这样评价她：“如果她有职业素养的话，就不会那样做。虽然未必在工作的时候一定要穿得非常正式，但在面试时的标准应该提高。”

请根据所学内容，谈谈关于“面试的时候应该穿什么”？